Claire Mazoyer & Béatrice Carrot

JE SUIS DÉBORDÉ(E) À LA MAISON !

Préface

Je suis débordé, voilà comment cela se manifeste :

Je décide de laver ma voiture.

Alors que je me dirige vers le garage, je remarque qu'il y a du courrier sur la table de l'entrée.

Je décide de regarder le courrier avant de laver la voiture.
Je pose mes clés de voiture sur la table. Je mets dans la corbeille à papiers, en dessous de la table, tout le courrier publicitaire et remarque que la corbeille est pleine !

Alors, je décide de reposer les factures sur la table et de vider d'abord la corbeille.

Mais, alors, je me dis que puisque je vais être à côté de la boîte aux lettres quand je vais aller sortir la poubelle, autant préparer d'abord le règlement des factures.

Je prends mon carnet de chèques sur la table et je vois qu'il ne me reste plus qu'un seul chèque.

Mon autre chéquier est dans mon bureau, donc j'y vais et je trouve sur le bureau la boîte de Coca que j'ai commencé de boire.

Je vais chercher mon chéquier mais, avant tout, il faut que j'enlève ce Coca de là avant de le renverser accidentellement.

Je remarque qu'il commence à devenir tiède, je décide donc de le mettre au frigo pour le rafraîchir.

Je pose le Coca sur le comptoir et découvre mes lunettes pour lire (je les cherchais depuis le matin).

Soudain, j'aperçois la télécommande. Quelqu'un l'a laissée sur la table de la cuisine.
Je me dis que, ce soir, quand on va vouloir regarder la télé, je vais la chercher partout et je ne me souviendrai plus qu'elle est dans la cuisine.

Je décide donc de la remettre dans le salon où est sa place.

Ensuite, je reviens dans l'entrée en essayant de me souvenir de ce que je voulais faire.

À la fin de la journée :
- la voiture n'est pas lavée,
- les factures ne sont pas payées,
- il y a un Coca tiède sur le comptoir de la cuisine,
- je n'ai pas mon nouveau chéquier,
- je ne trouve pas la télécommande,
- je ne sais pas où sont mes lunettes,
- et je n'arrive pas à me souvenir de ce que j'ai fait des clés de voiture.

Et puis, quand je me rends compte que rien n'a été fait aujourd'hui, je n'y comprends rien parce que je n'ai pas arrêté de la journée et que je suis complètement crevé !

Je réalise qu'il y a un sérieux problème et qu'il faut que j'essaie de me faire aider ; mais, d'abord, je vais m'occuper de mes e-mails.

Sommaire

À toute ma famille – spécialement mes parents – qui m'ont tant appris.
Claire

À mes parents et à mon mari qui ont supporté de longues années de désordre.
À Anne-Hortense, Guillemette, Sigrid et Mayeul pour qu'ils ne soient pas traumatisés par leur mère « bordélique repentie ».
Béatrice

Introduction

Êtes-vous un Home Manager ?

Dès lors que vous n'habitez plus chez vos parents, mais chez vous, vous êtes devenu un « Home manager ». En même temps que votre indépendance, vous gagnez le titre envié de DGD (directeur général domestique).

Vous voilà promu chef d'entreprise – petite certes – mais avec un éventail de responsabilités digne d'un patron de PME. Vous devenez en effet :

- directeur des achats et gestionnaire des stocks (courses au supermarché...),
- directeur financier, contrôleur de gestion et gestionnaire de trésorerie (établir un budget, pointer les comptes, mettre en place des prélèvements automatiques...),
- directeur technique (paramétrer la télé, changer les joints...),
- directeur de la communication interne et externe (la lettre de vœux annuelle, passer les messages),
- secrétaire de direction (prendre les rendez-vous médicaux, trier et classer la paperasse...),
- directeur des ressources humaines (rôle encore plus développé si vous avez des enfants).

Enfin, vous occupez également les fonctions moins valorisées mais indispensables de technicien de surface, spécialiste du traitement des taches (sur le linge) et cuistot (chef les grands jours)...

Dans les situations les plus favorables, il s'effectue une certaine répartition des tâches – en fonction des affinités et des compétences. On s'aperçoit parfois que les sphères de responsabilité n'ont pas été définies assez clairement quand il y a rupture du stock de papier toilette ou amende de retard pour oubli de régler les impôts !

Bien évidemment, un jeune couple de vingt-cinq ans n'a pas les mêmes problèmes à régler qu'une famille de six personnes avec des ados ou des enfants en bas âge. C'est d'ailleurs avec l'arrivée des enfants qu'on constate les limites de son organisation.

Paradoxalement, vous pouvez être très efficace dans votre entreprise et totalement débordé par la gestion du quotidien chez vous.
Vous avez accès dans le monde du travail à des notions de rentabilité, de gestion du temps, d'efficacité personnelle qui n'ont aucun équivalent dans votre vie familiale et domestique.

En effet, rien dans vos études antérieures ne vous a préparé à tenir tous les rôles du DGD.
Il n'existe pas de formation permanente pour vous aider à :
• planifier menus et courses,
• simplifier l'entretien du linge (tri, lessive, rangement, préparation des vêtements...),
• trier et classer les papiers,
• survivre au congé parental (passer du monde des adultes au rythme d'un bébé),
• préparer les départs en vacances,
• mettre en place l'organisation scolaire et extra-scolaire,
• éliminer le désordre, ranger...
• déléguer à votre nounou, baby-sitter, femme de ménage,
• obtenir la coopération de votre entourage...

Pour optimiser le fonctionnement de votre vie de famille, vous avez besoin d'organisation. Cela s'apprend, comme le reste. Vous devez simplement être assez motivé pour vouloir changer, petit à petit.
L'organisation n'est pas un but en soi, elle n'est que le moyen de vous faciliter la vie.
Il ne peut donc y avoir une seule bonne méthode pour faire chaque chose, il n'y a que des principes généraux qui ensuite se déclinent et s'adaptent à votre mode de vie.

À savoir

L'institut d'étude américain Salary.com a enquêté auprès de 40 000 mères pour calculer qu'elles travaillaient en moyenne 92 heures par semaine : les 40 heures réglementaires aux États-Unis et 52 heures supplémentaires payées plus cher. Les 138 095 dollars (101 407 euros) que chacune gagnerait équivaudraient au double du salaire annuel d'un représentant commercial. Salary.com estime qu'une mère au foyer exerce l'équivalent de dix métiers : femme de ménage, aide maternelle, cuisinière, technicienne en équipement ménager, en bâtiment et en ordinateur, concierge, conductrice, psychologue et responsable de PME.
(*Le Monde* du 8 mai 2007.)

Aux États-Unis, il existe une Association des organisateurs professionnels (National Association of Professional Organisers, www.napo.net, qui compte près de 4 000 membres tous organisateurs professionnels ayant assuré plus de 135 000 missions auprès de particuliers.
Le site www.Flylady.net compte plus de 400 000 membres qui reçoivent quotidiennement par e-mail des trucs et astuces pour mieux s'organiser et se faciliter la vie.
Les rayons « self-help » des librairies regorgent de guides et manuels sur les thèmes de « comment faire pour... ».

Nous avons voulu avec ce livre mettre à la portée du public français l'essentiel des grands principes d'organisation que chacun peut adapter à son cas personnel pour se simplifier la vie au quotidien.

À SAVOIR

La société actuelle repose toujours majoritairement sur une implication plus forte des femmes dans la vie domestique (la fameuse « double journée » des femmes) que celle de leurs compagnons masculins.
Dans une famille classique composée d'un homme, d'une femme et d'enfants, les mères consacrent en moyenne vingt-cinq heures et trente-sept minutes par semaine au « temps parental » contre douze heures et quarante et une minutes pour les pères – en plus de leur journée de travail (source enquête MATISSE – DFT 1999).
Le temps parental recouvre le temps passé avec les enfants, les activités de « taxi », ainsi que les tâches ménagères – qui restent, elles, très majoritairement féminines.

Nous nous sommes donc attachées dans ce livre à apporter des réponses opérationnelles à la réalité du quotidien vécu dans la majorité des familles.

Comment utiliser ce livre ?

Que vous soyez un homme ou une femme, que vous ayez des enfants ou non, que vous viviez seul ou en couple, dans une maison ou un appartement, qu'il s'agisse d'organiser le temps, l'espace, les papiers ou les tâches ménagères, vous trouverez des chapitres pour chaque grand thème de la vie familiale, et des outils à adapter à vos situation, rythme et habitudes personnelles.

Bon à savoir

La plupart des outils, tableaux, etc. que vous voyez reproduits dans ce livre sont téléchargeables sur le site **www.lescarnetsdel'info.com** afin que vous puissiez les personnaliser.

Notes personnelles

1

Faut-il vraiment s'organiser ?

Si vous lisez ces lignes, c'est bien parce que vous posez la question ! Vous avez constaté ce que vous coûte le désordre. Mais vous pensez que prendre de nouvelles habitudes aura aussi un coût : « Cela prend du temps de s'organiser ! Il faudra consacrer du temps à ranger, ramasser, classer, jeter... ce qui auparavant vivait tranquillement sa petite vie de "pile" ou de "tas". »

Vous avez raison ! Il vous a fallu des mois ou des années pour en arriver là où vous en êtes. Il vous faudra aussi du temps (quelques semaines à quelques mois) pour changer durablement et acquérir les nouvelles habitudes qui vous simplifieront la vie ... alors que décidez-vous ?

Cela prend du temps de s'organiser

Pour prendre une nouvelle habitude, il faut la répéter consciemment pendant vingt et un jours consécutifs. Il est donc normal de ne pas arriver du premier coup à faire quelque chose.

Chaque minute que vous consacrerez à vous organiser vous rapportera :

- cinq minutes demain,
- quinze minutes la semaine prochaine,
- une heure le mois prochain,
- une journée l'année prochaine,

Alors courage, sortez la tête du guidon et investissez dans le futur – c'est là que vous allez passer le reste de votre vie

Réfléchir sur son organisation

Cette étape est préalable aux moyens à mettre en œuvre, que nous vous proposons dans ce livre.

Quelques bonnes raisons pour s'organiser

- S'organiser permet de savoir ce qu'il y a à faire, qui va le faire et quand, ce qui donne plus de sérénité et vous permet de moins paniquer devant les imprévus.
- Cela permet d'avoir l'esprit plus libre et plus créatif.

Le cerveau est comme un ordinateur : il ne peut avoir plus de six à huit fenêtres ouvertes en même temps : on est débordé, on pense à plein de choses en même temps et on les oublie parce qu'il y en a trop à la fois.

S'organiser, planifier, c'est ouvrir et refermer les dossiers les uns après les autres.

C'est éviter le « yo-yo mental » qui consiste à faire passer cinquante-deux fois en cinq jours une information du conscient au subconscient.

« Il ne faut pas que j'oublie de penser à me rappeler de ne pas oublier... »
L'esprit étant plus libre, il est capable de se concentrer sur le moment présent et d'être plus réceptif aux idées géniales qui surgissent.

•Il est plus facile de s'absenter ou de déléguer lorsque les tâches sont planifiées.
•Cela rend le climat familial plus détendu et serein.
• S'organiser permet de trouver son équilibre.
Prenez le temps pour ce qui est important, pour ce qui est prioritaire – posez-vous la question : qu'est-ce qui est réellement important pour moi, pour ma famille ?
L'équilibre consiste à savoir quelle activité requiert une attention maximale et lesquelles d'entre elles vous pouvez laisser de côté momentanément.
Cela vous permet de trouver votre propre rythme de vie, en évitant de vous comparer : un système d'organisation est personnel !
Si vous êtes équilibré et heureux de faire ce que vous faites, cela va se remarquer autour de vous et rendre heureux ceux qui vous entourent : ce qui est en fin de compte le but du jeu !
• S'organiser, nous ne saurions trop le répéter a pour but de se simplifier la vie : il ne s'agit pas de mettre la vie dans des petites cases, mais de vivre plus simplement et de trouver du temps pour soi, sans culpabiliser.

Qu'est-ce que s'organiser ?

L'organisation repose sur trois fondements :
• gérer son temps,
• maîtriser son environnement,
• décider de changer certaines habitudes (les « mauvaises » uniquement, bien sûr).

Tout au long de ce livre, vous trouverez des informations précieuses pour mieux gérer votre temps et maîtriser ou reprendre le contrôle de votre maison (des papiers à la cuisine en passant par les chambres d'enfants).
Le troisième fondement est le plus important : VOUS.
Si vous avez décidé de prendre le taureau par les cornes et

de vous attaquer à tout ce qui vous « pourrit » la vie au quotidien, alors poursuivez la lecture. Vous trouverez ici des réponses à la plupart des ennuis domestiques courants.

Les trois principales causes de désorganisation

Il est intéressant de se demander pourquoi on est désordonné.
C'est en comprenant votre manière d'être que vous trouverez les solutions les plus pertinentes. Même si la plupart des désordres se ressemblent, leurs causes peuvent être très variées. Vous risquez de vous épuiser en vain à résoudre les problèmes, s'ils sont mal identifiés.
Dans son livre *Organisez votre vie pour mieux la vivre*, l'auteur américain Julie Morgenstern répartit les causes de la désorganisation en trois catégories que nous reprenons à notre compte.
Elle en conclut par ailleurs que dans la plupart des cas plusieurs causes entrent en jeu.
1. Les erreurs techniques : les plus simples à résoudre.
2. Les causes externes : souvent conjoncturelles, elles sont indépendantes de votre volonté.
3. Les obstacles psychologiques : il est fondamental de les identifier et de les reconnaître.

Les erreurs techniques (pratiques/de méthode)

Ces erreurs sont en général liées à la maîtrise de votre environnement physique.
Vous trouverez des réponses à ces erreurs classiques dans le chapitre « Éliminez le désordre ».

Certains objets n'ont pas de « place officielle »
« Une place pour chaque chose et chaque chose à sa place. » Cet adage ancien fonctionnait il y a quelques générations, avant l'avènement de la société de consommation.

Lieu de rangement peu pertinent

Si l'endroit défini pour ranger tel objet vous oblige à traverser l'appartement, changer de pièce ou même simplement vous lever pour le remettre à sa place, l'inertie naturelle va pousser à le laisser au plus près de l'endroit où il a été utilisé.
Ce faisant, vous avez une indication pour essayer de trouver un espace de rangement plus proche du lieu d'utilisation.

Accès trop difficile

S'il faut monter sur un escabeau et déplacer une rangée de livres pour accéder au dictionnaire, il est probable que vous le laisserez en évidence, « non rangé » après usage, plutôt que de refaire le parcours du combattant.
Gardez ainsi en tête la règle du nombre de gestes :
En général dans la cuisine, le sel est sur une étagère à portée de main, il suffit d'un seul geste pour prendre un objet dont vous avez besoin plusieurs fois par jour (idem pour la télécommande de la télé !).
Les vêtements sont accessibles en deux gestes (ouvrir la porte du placard, sortir le cintre).
Le linge de maison peut nécessiter trois gestes (ouvrir un placard, soulever partiellement une pile, retirer le drap).
Quant aux articles saisonniers, ils peuvent requérir sans problème quatre gestes ou plus (monter au grenier, déplacer une malle, sortir celle du dessous, ouvrir le couvercle, etc.).

Plus d'objets que de place

Il paraît (d'après une étude faite par un grand reporter) qu'un habitant de Mongolie possède en moyenne 300 objets en propre alors que le Japonais moyen en détient 6 000. Nous ignorons comment les Français se situent et si une boîte de 100 clous compte pour 1 ou pour 100... mais il suffit de regarder une chambre d'enfants pour se dire que nous devons être plus proches des Japonais que des Mongols en terme de possessions.
En conclusion, si votre tiroir à chaussettes ne ferme plus, optez pour un tiroir plus grand... ou éliminez des chaussettes !

Un système trop complexe

Si vous avez dix casiers à vis pour les ranger en fonction de leurs longueur, diamètre, usage (tôle, bois, béton) et forme de tête (cruciforme, plate), il y a de fortes chances pour qu'au terme de quelques séances de bricolage vous ayez une boîte de vis en vrac – surtout si des usagers moins méticuleux sont passés par là ! Soyez pragmatique et simplifiez le système.

En vue pour s'en souvenir

Autant il peut être utile de mettre dans l'entrée le soir ce que vous voulez penser à emporter le lendemain, autant l'accumulation de « pense-bêtes » visuels est néfaste. Le fouillis ainsi généré sera contre-productif – surtout s'il est multiplié par le nombre d'habitants. Il sera plus efficace de trouver des lieux de stockage identifiés ou de recourir à des listes sur papier pour se souvenir de ce qu'il faut faire.

Un manque de « connaissances »

La pile de linge à détacher a tendance à s'accumuler car vous ne savez pas comment enlever ces fameuses taches de chocolat sur un tee-shirt blanc ou d'herbe sur un jean au retour du foot...

Les causes externes

Ces causes touchent souvent davantage la gestion de votre temps.

Il arrive des moments dans la vie où rien ne va plus. Cela se passe soit brutalement, et il est alors facile d'identifier la cause, soit à la suite d'une lente évolution. L'organisation qui fonctionnait correctement ne correspond plus à la situation actuelle.

Changements familiaux

L'arrivée d'un enfant, une séparation, un deuil, un déménagement ou une longue maladie remettent en cause vos modes de fonctionnement précédents.

C'est tout à fait normal et il faut du temps pour s'adapter à une nouvelle situation.

Essayez alors d'examiner les événements de l'année passée

et leur impact. Listez les points les plus critiques et identifiez les domaines où il va falloir repenser l'organisation.

Changements professionnels
Prendre un nouveau poste au sein de la même entreprise, changer d'employeur ou se mettre à son compte, perturbe d'autant plus votre organisation que vous devez en priorité vous adapter à votre nouvel environnement professionnel.
Cela va souvent de pair avec un déménagement ou des trajets différents.
Vous ne pouvez pas tout changer simultanément; il est sans doute préférable d'attendre que votre nouvelle situation professionnelle soit stabilisée avant de réorganiser fondamentalement la partie privée.

Un espace objectivement trop petit
Dans ce cas de figure, il ne s'agit pas d'un trop grand nombre d'objets mais réellement d'une surface habitable trop petite car vous avez déjà optimisé tout ce qui pouvait l'être.
C'est malheureusement peut-être le cas, si vous habitez en région parisienne où le prix du m^2 ne permet pas de disposer d'un appartement de taille satisfaisante. Une famille de sept personnes peut vivre dans 70 m^2 pour des raisons de budget. Certes l'appartement est encombré, mais il est impossible de faire mieux dans la situation actuelle.

Les obstacles psychologiques

Là, il s'agit de vous !
Nous vous proposons ci-dessous une petite typologie de personnes ayant des « problèmes d'organisation ». Cette approche succincte ne saurait en aucun cas se substituer à une véritable étude psychologique !
Vous allez peut-être vous reconnaître dans l'une ou l'autre des descriptions suivantes. Sachez que vous n'êtes en aucun cas le seul !

Le collectionneur
Le collectionneur aime vivre dans l'abondance. Il achète en grandes quantités et n'est jamais pris au dépourvu

quand des amis débarquent à l'improviste. Il aime essayer des nouveautés – qui souvent resteront abandonnées au fond d'un placard après essai non concluant (ah cette épice inconnue découverte dans un magasin asiatique, dont on n'a jamais vraiment compris l'usage). C'est le client idéal des foires, vide-greniers et hypermarchés !
Conservateur dans l'âme, il est passé de la collection de fossiles aux timbres, puis a découvert un moutardier amusant dans une brocante. Malheureusement, il en a parlé à son conjoint, ses amis, qui depuis lui en offrent à chaque occasion – alors qu'il a depuis longtemps cessé de s'y intéresser.
Pourquoi ce besoin de profusion ? Cela renvoie-t-il à une enfance de privations ou à des souvenirs de guerre hérités des générations précédentes ?

Le conquérant de l'impossible

Le conquérant adore les défis et se sent comme un poisson dans l'eau en période de crise. Il n'a l'impression de réellement travailler efficacement que sous pression.
Il n'a pas forcément beaucoup de travail, mais il va le faire dans un temps très court, étant au pied du mur.
C'est celui qui – étudiant – travaillait jusqu'à 4 heures du matin pour rendre son mémoire dans les temps, alors qu'il avait trois mois pour faire un travail de deux semaines. C'est le même qu'on retrouve à vingt-trois heures et cinquante-sept minutes au guichet de la Poste du Louvre (ouverte vingt-quatre heures sur vingt-quatre), heureux d'avoir obtenu « le cachet de la Poste faisant foi » sur l'enveloppe de sa déclaration d'impôts.
Pourquoi ce besoin d'activité sous pression ? Avez-vous quelque chose à prouver ? Avez-vous besoin d'être reconnu pour avoir respecté le contrat dans des conditions difficiles ? Vous pourriez faire tellement plus, avec un peu de planification et de calme... ou vous défouler dans le sport.

L'indécis

L'indécis a tellement de centres d'intérêt qu'il ne sait plus reconnaître ses priorités. Il passe d'une activité à l'autre, laissant souvent ce qui a été commencé « en l'état » : coupures de revues, échantillons de tissus, petits bocaux vides... en se disant qu'un jour il va réaliser ce merveilleux projet pour lequel il amasse.

Qu'est-ce qui vous intéresse vraiment ? Qu'avez-vous réellement le temps de faire actuellement ? Avez-vous la place de tout garder pour « le jour où... » ?

Le solitaire

Le solitaire s'abrite derrière son désordre pour éviter les contacts. Au propre comme au figuré

À la maison, un désordre important engendre tellement de travail de « remise en ordre » que cela donne une excuse pour décliner les sorties et les invitations. Cela permet de la même façon de ne pas recevoir chez soi. Les Américains ont un acronyme pour cela « CHAOS » = Can't Have Anyone Over Syndrom (syndrome « on ne peut recevoir personne à la maison »).

Pourquoi ce désordre permanent ? Est-ce une façon de tenir les autres à distance ? Rien ne vous oblige aux contacts, mais il serait peut-être plus agréable pour vous-même de vivre dans un environnement plus ordonné et propice à une « retraite » sereine.

Le créatif

L'ordre lui semble incompatible avec sa forme de pensée – « je suis créatif, je ne peux pas me mettre dans un environnement trop structuré » : un espace trop rangé coupe mon inspiration.

Cela peut être le cas d'un peintre ou d'un sculpteur, et se retrouver aussi dans les métiers de la publicité ou du design.

Le créatif peut avoir un certain fouillis dans son « atelier de réflexion », pour y faire germer les idées.

On peut retrouver chez le créatif certains traits du collectionneur.

Quel espace occupe la « création » chez vous ? Retrouvez-vous ce dont vous avez besoin pour créer ?

Le « récréatif »

La vie quotidienne peut lui paraître ennuyeuse et par exemple surfer sur Internet pour dix minutes « juste pour consulter une adresse » se transforme en deux heures, naviguant de site en site.

N'est-ce pas une façon déguisée d'éluder des tâches plus ingrates ou des responsabilités pesantes ?

Quelles activités sont pour vous source de tension ou difficiles à aborder ?

Le « maisonphobe »
Pour des raisons très diverses, il a pris en aversion le lieu où il habite (deuil, séparation, déménagement dans un appartement qui ne le satisfait pas...).
L'endroit lui déplaît et il a du mal à l'installer ou à le maintenir en ordre.
Par exemple, installer son bureau au sous-sol à côté de la chaudière à mazout n'encourage pas à s'attaquer aux tâches administratives !
Est-ce que vous aimez être chez vous ? Pourquoi ne vous sentez-vous pas à l'aise à tel ou tel endroit ? Quels éléments aimeriez-vous modifier ? Est-ce l'absence d'éclairage qui vous « éteint » ?

Le sentimental
Il est très attaché aux choses qui lui rappellent tant de souvenirs (premières dents de lait, premières soirées, débuts dans sa carrière...).
Comment va-t-il se défaire des premiers dessins de son enfant, ou de l'écumoire rouillée de la grand-tante Julie ?
Il a peut-être matériellement la place de tout garder, mais il court le risque de vivre étouffé par le passé – matérialisé par des objets. Se détacher d'une époque révolue permet d'entrer de plain-pied dans le présent et d'aborder le futur.
Ces objets vous sont-ils vraiment nécessaires ? Est-ce que vos enfants seront heureux de trouver cela ?
Vous pouvez conserver beaucoup de bons souvenirs sans conserver tous les objets qui s'y rapportent : votre cœur et votre mémoire sont plus vastes que vos placards !

Le perfectionniste
Paradoxalement le perfectionnisme est une cause de désorganisation, alors qu'à première vue il semble être le summum de l'ordre et de la maîtrise.
Le perfectionniste, en fait, ne recherche pas l'excellence, mais l'inatteignable. Il n'est jamais satisfait et soit ne commence pas la tâche (car ce ne sera jamais fini ni bien fait, de toute façon), soit passe des heures sur cette

activité et tout le reste se retarde et s'accumule. Il se concentre sur le résultat final qui sera jugé, selon lui, par les autres : il s'impose ainsi une exigence que dans la réalité personne ne lui demande.
Il n'arrive pas à dissocier l'action de sa personne et dit « je suis désordonné » au lieu de dire « je n'ai pas rangé ce placard » ; ou « je suis nul » si son fils a eu B + au lieu de A à un devoir qu'ils avaient préparés ensemble.
Il pense que s'il ne maîtrise pas tout il n'est maître de rien : il a du mal à déléguer.
Les causes peuvent être variées : tempérament très idéaliste, parents exigeants, enfant ayant grandi dans la crainte de décevoir ses parents ou en pensant que leur amour était lié à sa réussite...
N'y a-t-il rien de pire que de rater ce que vous êtes en train de faire ? Est-ce que le résultat que vous allez obtenir est proportionnel au temps passé pour y parvenir ?

Le « travaillomane » : l'hyperactif
Il n'est content que surchargé. Il va même jusqu'à chercher du travail chez les autres pour être occupé. Et se porte volontaire pour des missions que les autres auraient refusées.
Êtes-vous constamment occupé ? Vous arrive-t-il de vous étonner vous-même d'arriver à faire tout ce que vous faites ? Votre emploi du temps est-il tellement serré que le moindre changement vous met de très mauvaise humeur ?

Le « procrastinateur » pathologique (celui qui remet toujours à plus tard)
Il a tendance à appliquer le dicton : « Remets à demain ce que tu peux ne pas faire aujourd'hui. » Il trouve toujours une bonne raison pour repousser à la dernière minute la feuille d'impôt à remplir, les courses à faire pour le dîner entre amis...
Les causes peuvent se retrouver dans les différents portraits déjà dépeints : indécision, angoisse... N'oublions pas d'y ajouter une petite dose de « flemme »...
La tâche vous semble-t-elle insurmontable ? Avez-vous les bons outils pour la réaliser ? Est-ce que cela vous ennuie de vous y mettre ?

L'angoissé

L'angoissé a peur de jeter, car c'est prouvé : il suffit de jeter un truc pour en avoir besoin dans les jours qui viennent. Cette angoisse est particulièrement aiguë dans le domaine des papiers lorsqu'on n'est jamais sûr des durées de conservation des documents. Sa devise est : « Dans le doute, gardons. »

Il a aussi peur de pouvoir « manquer » un jour – ça serait trop bête de devoir racheter une poussette si jamais on avait un autre bébé.

Il doute constamment de lui : « Peut-être est-ce une erreur de commencer par telle tâche. »

L'enthousiaste

L'enthousiaste est généreux de son temps (en donnant beaucoup aux autres, il en manque parfois pour lui) et de ses biens (il garde de nombreux objets en « dépôt » pour d'autres). Il privilégie à raison le fait d'avoir une maison vivante et s'inquiète seulement quand ses « débordements » la rendent moins accueillante aux amis.

En général très actif, toujours prêt à s'enthousiasmer pour de nouveaux projets, il a des multitudes de centres d'intérêt et de passions – ce qui explique la quantité de choses accumulées et conservées. On le retrouve volontiers engagé dans des associations ou dans la vie politique.

Mais charité bien ordonnée commence par soi-même ! Avez-vous identifié vos priorités ? Avez-vous prévu du temps « pour vous » dans vos agendas surchargés ?

Bien sûr, il ne s'agit là que de « typologies » exagérées et l'on n'est jamais tout l'un ou tout l'autre. Néanmoins, le fait de vous reconnaître dans certains de ces profils vous aidera à identifier plus facilement les bonnes idées applicables à votre situation.

Enfin, rassurez-vous chers fans de *Desperate housewives*, si vous êtes plutôt du genre Suzan ou Lynette, vous ne risquez pas de vous transformer en Bree à la fin de ce livre !

Vous avez cerné certaines difficultés et certains freins à votre organisation...

Vous pouvez maintenant vous familiariser avec les outils à mettre en place pour chaque domaine de votre vie quotidienne.

2

Classeur « Home GPS »

Un GPS vous aide à vous diriger – même si vous ne connaissez pas les lieux. Le classeur Home GPS a le même objectif : vous aider à faire fonctionner la maison. C’est l’auxiliaire de votre mémoire. Il s’agit du mode d’emploi de votre maison. C’est **un outil de pilotage au quotidien**. Il accueillera tous les documents dont vous avez besoin régulièrement.

Pourquoi un « Home GPS » ?

C'est l'outil principal du livre, auquel se réfère l'ensemble des autres chapitres.
Il vous permet de matérialiser et d'avoir à portée de main l'organisation que vous allez mettre en place.
Il doit permettre à quelqu'un qui débarquerait chez vous (parents qui gardent les enfants pendant une semaine de vacances, l'aide ménagère qui vient parce que vous êtes hospitalisée...) – ou tout simplement à votre conjoint – de faire tourner la maison en votre absence en ayant toutes les informations.
Il ne vous paraîtra pas forcément indispensable immédiatement, c'est pourquoi nous vous conseillons de le constituer au fur et à mesure de la lecture des chapitres qui vous intéressent.

Nous vous livrons le témoignage de Jeanne :
« Au début, l'idée de faire un classeur comme ça m'a laissée sceptique. Puis je me suis rendu compte au fil des semaines de tout le temps perdu parce que je ne l'avais pas mis en place.
J'ai fini par m'y mettre et je ne le regrette pas – c'est une véritable aide au quotidien. »

Créez votre « Home GPS »

On y trouvera, entre autres :
- Ce qu'il faut faire au quotidien, à quelle heure, en cas d'urgence...
- La liste des camarades de classe à appeler pour les devoirs.
- Les horaires de bus ou de piscine.
- Les emplois du temps scolaires.
- Le planning de ménage pour vous-même ou votre employé(e).
- Les tarifs postaux et des timbres.
- Les durées de conservation des documents.
- Les coordonnées des gardes d'enfants et des remplaçants en cas d'urgence, etc.

Toutefois, si ce nom de « Home GPS » ne vous plaît pas, vous pouvez l'appeler au choix « classeur de maison », « livre de bord », « bible », ou tout autre nom plus évocateur pour vous !

Quel matériel choisir ?

Un classeur deux ou quatre anneaux – dos 5 cm. Ceux avec deux anneaux et un levier sont plus faciles d'emploi. Choisissez un modèle solide car vous allez l'utiliser tous les jours.

Un jeu de douze intercalaires taille A4 + (24 x 32 cm). Ils sont un peu plus grands que la taille A4 et vous permettent de lire les index tout en utilisant des pochettes perforées.

Environ cinquante pochettes transparentes en plastique.

Comment l'utiliser ?

Gardez-le à un endroit très accessible – près du téléphone, avec les annuaires, dans votre bureau...
Si vous l'adoptez, vous vous en servirez très fréquemment.

Insérez toutes les feuilles dans des pochettes plastique perforées, cela vous évitera de faire des trous et protégera les informations d'usage fréquent.

Expliquez à tous les membres de la famille et aux personnes qui travaillent éventuellement à votre domicile où il se trouve et comment l'utiliser.

Comment le constituer ?

Tout au long du livre, chapitre par chapitre, vous trouverez des outils, listes ou modèles à intégrer pour composer votre propre classeur, utilisable au quotidien.
Vous pourrez soit photocopier les modèles du livre, soit les télécharger depuis le site web www.lescarnetsdelinfo.com.

Il vous suffit dans un premier temps de libeller les intercalaires selon la liste ci-dessous.

LISTE DES INTERCALAIRES

1. Urgences (téléphones et adresses).
2. Carnet d'adresses et listes téléphoniques diverses.
3. Menus et liste de courses, bons de réduction, prospectus restaurants...
4. Habitudes quotidiennes – trois feuilles (matin, après-midi et soir).
5. Planning hebdomadaire – une feuille par jour de la semaine.
6. Planning annuel – une feuille par mois (anniversaires à souhaiter, révision voiture...).
7. Planning ménage par zones (cinq feuilles).
8. Enfants (emplois du temps, activités extrascolaires...)
9. Listes diverses (cadeaux en stock, vaccinations, tailles de vêtements...).
10. Informations utiles.
11. Employé(e) familial(e).
12. Personnel (selon vos besoins).

1. Urgences

Cet onglet est le premier, car c'est ce que vous devez trouver le plus rapidement en cas de nécessité.

Ce n'est pas le jour où vous devrez emmener quelqu'un à l'hôpital ou au centre antipoison que vous aurez le temps de chercher le téléphone et l'adresse.

Vous trouverez ce genre d'information dans l'annuaire de votre département ou, si vous habitez une grande ville, dans le journal d'information de la ville. Tous les numéros et adresses utiles sont en général regroupés sur une page qu'il suffit alors de découper et d'insérer dans une pochette plastique.

Placez également dans cette section un plan d'accès à votre domicile (photocopie de plan de ville) et les indications particulières. Cela pourrait être très utile à une baby-sitter ou à un enfant seul pour expliquer aux secours comment se rendre chez vous.

L'avis du spécialiste

Dr Sybille Goddet, médecin urgentiste, praticien hospitalier SAMU des Hauts-de-Seine, AP-HP.

Qui appeler en cas d'urgence ?
SAMU : 15
Pompiers : 18
Police : 17

Les SAMU (Service d'aide médicale urgente) travaillent en étroite collaboration avec les pompiers. Les centres d'appel de ces deux numéros d'urgence étant interconnectés, les appels peuvent facilement être basculés d'un centre à l'autre selon la nature de l'appel et les besoins identifiés.

Quelles informations donner lors d'un appel au 15 ou au 18 ?

- Motif de l'appel
- Numéro de téléphone sur les lieux de l'incident
- Adresse complète
- Nombre de victimes, risque de la situation et gestes éventuellement réalisés si secouriste présent sur place.

Le temps nécessaire pour noter l'ensemble de vos coordonnées est indispensable dans l'éventualité de l'envoi d'un moyen de secours. Répondez aux questions le plus précisément possible, ce n'est pas une perte de temps car, dans les cas les plus graves, les secours partiront alors que vous serez encore en ligne.

Avez-vous déjà pensé à vous former aux gestes de premiers secours ?

Moins de 10 % de la population française est formée aux gestes de premiers secours, contre 30 à 50 % dans les pays nordiques ou anglo-saxons.
Des associations secouristes agréées proposent des formations de dix à douze heures actuellement accessibles dès l'âge de dix ans. Renseignez-vous dans votre commune ou sur Internet...

Ajoutez également les numéros des personnes à joindre en cas d'urgence : bureau, portable, famille, amis proches, voisins.

2. Carnet d'adresses et listes de téléphone

Si votre carnet d'adresses papier ne quitte pas le domicile, il est inutile de le refaire.
En revanche, si vos adresses et téléphones sont sur l'ordinateur, imprimez une liste sous forme de tableau avec juste les informations essentielles (nom, prénom, téléphones fixe et portable) et classez-la. Cela vous évitera d'allumer l'ordinateur lorsque vous cherchez un numéro.
Ajoutez toutes les listes que vous avez reçues avec des adresses et des téléphones, telles que : listes des camarades de classe, des membres de votre association ou des membres du club de foot...

Cela vous fera gagner beaucoup de temps lorsque vous devrez appeler des personnes qui ne font habituellement pas partie de votre carnet d'adresses personnel.

Marc (divorcé, un enfant) : « Je me suis un jour retrouvé seul à devoir appeler les copains de classe de mon fils malade qui ne savait pas quels étaient les devoirs à faire. J'ai perdu un temps fou à chercher les noms de famille, puis les téléphones sur Internet, parce qu'il ne savait pas où était la liste de la classe. Dès le lendemain, j'en ai fait une copie et je l'ai mise dans le classeur. »

Accros du micro

Mettez votre carnet d'adresses sur l'ordinateur

Si vous en avez assez de raturer votre carnet d'adresses à chaque fois qu'un de vos amis change de numéro de téléphone, de portable ou d'adresse, si vous ne savez pas quoi faire de toutes les cartes de visite importantes à conserver, si vous n'avez pas envie de noter le numéro de votre plombier à côté de celui de votre belle-mère dans votre petit carnet, alors il est temps de passer au carnet d'adresses informatisé !
Le plus simple est d'utiliser la fonction carnet d'adresses de votre logiciel de messagerie (Outlook, Lotus Notes, Mozilla ou autre logiciel libre).
Si vous aviez déjà commencé à le saisir dans un autre logiciel (Word, Excel, base de données...) vous pourrez en principe l'importer grâce à la fonction *Fichier/Importer.*

Vous pouvez également utiliser les e-mails que vous recevez pour créer votre carnet d'adresses. Lorsque vous souhaitez ajouter un expéditeur à votre liste, il suffit en général de faire un clic droit sur son adresse e-mail pour l'ajouter à vos contacts.

Imprimez votre carnet d'adresses. Vous n'allez pas, bien sûr, allumer l'ordinateur à chaque fois que vous avez besoin d'un numéro de téléphone. Le plus simple est alors d'imprimer une liste avec les éléments essentiels. Vous pourrez de même imprimer une version à conserver sur vous ou dans votre agenda.

Idée utile : créez une fiche contact pour chacun des membres de votre famille et notez-y les informations importantes qui le concernent : date de naissance, numéro de sécu, vaccinations, souhaits de cadeaux...

3. Menus et liste de courses

(voir modèles chapitre 5)
Voilà l'endroit pour placer vos idées de menus, votre liste de courses type, ainsi que les bons de réduction à emporter au supermarché et les prospectus de restauration à domicile qui d'habitude encombrent votre frigo...

Marie-Sophie : « J'ai repris la liste de courses type et l'ai mise "à ma sauce" avec ce que j'achète régulièrement. J'en ai fait une dizaine de copies pour ne pas être prise de court et je les garde dans le classeur. Celle de la semaine est accrochée dans la cuisine et dès qu'il me manque quelque chose, je l'entoure au feutre. Il ne me reste qu'à emporter ma feuille en allant faire les courses. »

4. Habitudes quotidiennes

(voir modèle chapitre 3)

Prévoyez deux ou trois feuilles pour noter l'enchaînement des tâches que vous effectuez quotidiennement aux heures « à risque ».

Les heures à risque sont :

• le matin – entre le réveil et le départ à l'école ou au bureau,

• le retour à la maison,

• le soir – entre le dîner et le coucher.

Ces feuilles peuvent être donc consultées jusqu'à trois fois par jour en cas de besoin.

Le fait de noter ce que l'on fait habituellement en mode « pilotage automatique » permet de voir les causes de désorganisation et de mettre en évidence ce qu'il faudrait modifier pour « fluidifier » l'emploi du temps afin de se faciliter la vie.

5. Planning hebdomadaire

(voir modèle chapitre 3)

Il vous faudra une feuille par jour de la semaine.

Les activités de votre famille peuvent varier en fonction des jours de la semaine, mais on inscrit rarement sur son agenda tous les jours les activités régulières et il arrive qu'on les oublie.

Ces documents permettent de visualiser d'un coup d'œil qui fait quoi, quel jour et à quelle heure. Vous pouvez en profiter pour noter ce qu'il faut préparer la veille pour le lendemain (sac de piscine, goûter...).

Mises à disposition des enfants (à partir du moment où ils sont autonomes), ces feuilles leur permettent de ne pas oublier une activité ou de ne pas s'inquiéter s'ils ne vous voient pas à la maison.

Jeanne : « Lorsque je suis partie en voyage professionnel une semaine, mes parents sont venus garder les enfants. Je suis partie sereine car ils avaient toutes les informations utiles et ont pu assurer toutes les activités habituelles. »

6. Calendrier perpétuel

(voir modèle chapitre 3)

Plutôt que de re-noter d'agenda en agenda (ou d'oublier d'année en année) les anniversaires et fêtes à souhaiter, faites-le une fois pour toutes.

Il est à consulter une fois par mois, afin de reporter les rendez-vous sur votre agenda courant.

Il est préférable de ne pas mettre ces feuilles sous pochettes plastique afin de pouvoir les compléter au fil du temps, à chaque fois que vous constatez une date importante.

C'est aussi l'endroit pour noter des événements réguliers bien que n'étant pas à date fixe. Vous vous rappellerez ainsi plus facilement que vous faites habituellement la révision de la voiture en juin et l'entretien de la chaudière en novembre.

Franck : « Pour la première fois, j'ai souhaité son anniversaire à mon filleul le jour J – le 5 mars. J'ai aussi réussi à lui envoyer un cadeau à temps, car j'avais pensé à noter sur mon calendrier au 15 février qu'il fallait l'acheter. Ca m'a même permis de demander à ses parents ce qui lui ferait plaisir. »

Accros du micro

Si vous disposez d'un logiciel de messagerie tel que Lotus ou Outlook, vous pourrez très facilement créer et imprimer votre propre calendrier perpétuel et le placer dans cet onglet.

7. Planning de ménage

(voir modèles chapitre 8)

Pour faciliter l'entretien de la maison, le plus simple est de la découper virtuellement en « zones ». Chaque zone correspond à une ou plusieurs pièces.

L'idéal est de faire un découpage en cinq zones, ce qui permet de relier l'entretien habituel au nombre de semaines du mois (quatre ou cinq).
Zone 1 : entrée + salle à manger,
Zone 2 : cuisine,
Zone 3 : salle de bains + chambre enfant 1,
Zone 4 : chambre parents + chambre enfant 2,
Zone 5 : salon + bureau.
Pour chaque zone, vous décrirez les tâches ménagères à accomplir et leur fréquence.
Cela vous permettra ensuite de faire votre planning de ménage pour chaque semaine du mois.

Béatrice : « Ça a l'air idiot, mais je ne savais jamais quand j'avais lavé les draps. Je n'avais aucune envie de me retrouver avec un monceau de draps et de housses de couettes d'un seul coup. Le fait de faire un planning m'a permis d'y voir clair tout en lissant la charge. Les lundis en semaines 1 et 3, ce sont les draps des enfants, et les lundis en semaines 2 et 4, ce sont les draps des parents qui passent à la machine.

8. Enfants
À l'école primaire, les horaires de classe sont toujours les mêmes. Avec le collège et le lycée, les choses se compliquent d'autant plus que les cours varient souvent entre semaine A et semaine B.
Avoir une copie des emplois du temps permet de savoir où les enfants sont (en théorie !) et de s'assurer qu'il n'y a pas eu de panne de réveil.
Cet onglet est également l'endroit pour ne pas égarer la liste des fournitures scolaires (donnée en juin pour septembre).
On peut aussi y conserver une copie de la page du carnet de vaccination qui est systématiquement demandée à chaque inscription sportive ou de centre aéré.

9. Listes diverses (cadeaux en stock, vaccinations, tailles de vêtements...)
Cet onglet est prévu pour toutes les listes que vous faites... ou que vous aimeriez faire mais ne savez pas où caser.

Voici quelques idées de listes :
- cadeaux en stock pour anniversaire, Noël (ou au contraire souhaits exprimés dans le courant de l'année),
- tailles de vêtements et chaussures des enfants,
- livres, disques, jeux, objets divers prêtés ou empruntés (pas ceux de la bibliothèque !),
- check-list avant de partir en voyage,
- amis à appeler ou à inviter,
- inventaires divers,
- idées de sorties le week-end, etc.

10. Informations utiles

Conservez là toutes les informations dont vous avez régulièrement besoin, telles que :
- plans d'accès imprimés sur Internet et qui risquent de resservir,
- horaires de bus, de trains,
- planning des cours de gym,
- plans de métro,
- feuille paroissiale,
- horaires de piscine ou de bibliothèque,
- tarifs postaux (à combien faut-il affranchir une lettre urgente de 75 g ?), etc.

11. Services à la personne + artisans

Gardez ici les coordonnées :
- de votre employé(e) familial(e), y compris une copie de sa carte de sécurité sociale, son horaire de travail, ses dates de congés,
- des baby-sitters habituels,
- d'artisans auxquels vous avez déjà fait appel.

Attention !

L'objectif du « Home GPS » est de vous simplifier la vie – pas de vous la compliquer !
Utilisez ces rubriques uniquement si elles vous paraissent utiles. Elles sont évolutives – il est normal de les revoir et de les modifier une fois par an.

Avant d'y renoncer, lisez les chapitres correspondants et vous serez convaincu de leur utilité. Sachez, toutefois, que le classeur « Home GPS » est l'outil le plus plébiscité par nos stagiaires !

3

Gérez votre temps

Faites-vous partie de ces gens qui vivent avec un œil rivé sur leur montre et l'autre sur leur agenda, ou au contraire de ceux pour qui le temps est élastique et qui ne voient aucun souci à remettre à après-demain ce qu'ils avaient prévu de faire avant-hier ?
Ce chapitre n'a pas pour objet de vous présenter LA bonne façon de gérer son temps – cela n'existe pas – mais de vous donner des outils pour vous aider à accomplir vos objectifs dans le temps imparti.
Aussi, posez-vous la question : « Qu'est-ce que je ne fais pas aujourd'hui et que j'aimerais faire ? » Que ce soit jouer de la guitare, prendre le temps de déjeuner avec des amis ou faire du sport, lisez tout ce chapitre avec cet objectif en tête.

Quel est votre rapport au temps ?

LE TEMPS, CE N'EST PAS DE L'ARGENT

Contrairement à l'argent, le temps est une valeur que l'on ne peut pas accumuler, reporter, épargner ou transférer.
Un humoriste disait très justement : vous pourriez gagner une heure par jour pendant cinq ans, au bout du compte, vous ne pourrez pas les ajouter au temps qui vous reste à vivre !

« Le temps est le seul capital des gens qui n'ont que leur intelligence pour fortune». (Balzac.)

Calculez votre coût horaire

Votre temps a une valeur, et si vous ne recevez pas de chèque à la fin du mois, il ne faut pas pour autant le considérer comme gratuit. Il a ne serait-ce que la valeur de ce que vous pourriez faire à la place.

• Si vous êtes salarié(e) :
prenez votre salaire mensuel brut et divisez-le par le nombre d'heures travaillées (151 si vous êtes à temps plein), puis multipliez par 1,7 (ce coefficient prend en compte, en moyenne, les charges sociales, les absences pour maladie, formation, congés divers...). Le chiffre obtenu est le coût moyen payé par votre employeur pour une heure de travail. (Il est supérieur à ce que vous percevez.)

• Si vous n'êtes pas salarié(e) :
si vous n'avez pas de revenu professionnel, vous pouvez faire un calcul identique en vous basant sur vos derniers revenus ou sur le coût de « sous-traitance ».
Vous envisagez de repeindre une pièce, combien vous demanderait un peintre professionnel ? Vous devez faire un ourlet, combien cela coûterait-il dans une retoucherie ? Vous faites appel à une femme de ménage, combien la payez-vous à l'heure ?
Vous faites du bénévolat dans une association, à combien cela reviendrait-il à l'association si elle devait vous salarier ?

Vous avez décidé de valoriser votre temps à 11 euros de l'heure (coût moyen d'une femme de ménage à Paris).
Vous avez besoin d'acheter une paire de chaussures. Vous avez le choix entre aller dans la rue commerçante à 5 minutes de chez vous et les payer 70 €, ou aller à l'autre bout de la ville (45 minutes de trajet aller et autant retour plus le prix des tickets de bus) dans une boutique bien meilleur marché où vous économiserez au moins 30 %.

En fin de compte, d'un point de vue strictement économique, vos chaussures vous reviendront à peu près au même prix dans un cas comme dans l'autre. Ce qui vous permettra de décider en faveur de l'une ou l'autre solution sera plutôt « ai-je quelque chose de plus important à faire aujourd'hui avec cette heure et demie que de la passer en transport ? »

« Nous travaillons sans recul. Pour un canon, c'est un progrès. Pas pour un cerveau. » (J.-J. Servan-Schreiber.)

ÉTABLIR SON BUDGET TEMPS

Puisque le temps c'est de l'argent, il faut le traiter comme tel et établir un budget.

Vous connaissez vos recettes : vingt-quatre heures par jour – il reste à calculer vos dépenses, en distinguant les dépenses fixes (travail, trajet...) des dépenses variables et plus ou moins élastiques (sommeil, repas...). Le temps restant est le temps « libre ».

Comme pour un budget financier, on ne peut réduire ses dépenses et économiser pour financer un gros achat ou des vacances que si l'on sait où passe l'argent tous les mois.

Nos décisions ne sont pas purement rationnelles et économiques, elles prennent en compte aussi ce que nous savons et aimons faire.

Vous allez donc devoir passer par un exercice fastidieux – mais indispensable : l'analyse du temps passé.

Choisissez une semaine normale (pas pendant les vacances) – cela vous aidera à y voir plus clair pour réorganiser votre emploi du temps.

Utilisez la feuille d'analyse de temps de la page 39.

Notez tous les jours pendant une semaine sur le modèle ci-dessous

- Deux fois dans la journée, en fonction de vos disponibilités (après le déjeuner et le soir avant de vous coucher), ce que vous avez fait dans la demi-journée précédente.
- Reprenez votre agenda, cela vous aidera à ne rien oublier – gardez la feuille de relevé dans l'agenda.
- Pour aller plus vite, notez juste le numéro correspondant à l'activité.

Soyez précis et notez par demi-heure

• Arrondissez les activités courtes (quitte à faire une moyenne sur deux jours – quarante-cinq minutes au téléphone aujourd'hui et quinze minutes hier = une demi-heure par jour).

• Portez une montre !

Soyez concis et regroupez les activités par catégories :

1. Repos : nuit/sieste.

2. Détente : télé/lecture/autres hobbies.

3. Sport : le vôtre, pas les accompagnements à celui des enfants.

4. Maison : rangement/repassage/ménage/classement des papiers.

5. Repas : déjeuner/dîner/temps de préparation des repas, rangement de la cuisine compris.

6. Toilette : regrouper en une fois le temps passé dans la salle de bains.

7. Famille : le temps consacré à vos enfants/conjoint/parents (y compris temps de déplacement, courses pour eux...).

8. Activités travail/bénévolat : tous vos engagements professionnels ou « paraprofessionnels ».

9. Courses : rendez-vous médicaux, courses alimentaires, pressing... (y compris temps de déplacement).

10. Divers/inclassable/oublié.

Si vous faites deux activités simultanément, comptabilisez la plus productive. Ex : repasser en regardant la télé compte en 4 (travail maison) et non en 2 (détente).

Pas de perfectionnisme

Tant pis si tout n'est pas exact, il vaut mieux un peu d'information que pas du tout.

Vous notez ce qui s'est réellement passé – pas ce que vous aviez prévu de faire !

Utilisez les codes couleur proposés sur le site Internet pour visualiser où passe vraiment votre temps.

Les couleurs chaudes (jaune, saumon, rose, orange) représentent du temps plus ou moins pour « vous ». Il s'agit de repos, loisirs, toilette, sport).

À l'inverse les couleurs froides (bleus et verts) sont du temps pour les « autres » (entretien de la maison, préparation des repas, travail/bénévolat, courses, famille). Si vous avez beaucoup de zones « grises » (divers), reprenez votre agenda pour essayer de clarifier ce qu'il y a derrière.

Vous aurez forcément des résultats très différents selon votre âge, vos charges de famille et votre activité professionnelle.

Marie a trois enfants entre deux et sept ans et consacre près de quinze heures par semaine à des activités bénévoles pour l'école et diverses associations : « Je me suis aperçue, en faisant l'exercice, que j'étais tout le temps en train de courir et que je n'avais quasi aucun temps pour moi. »

Joséphine a deux enfants de huit et dix ans et assiste son mari profession libérale pour sa comptabilité. « J'ai réalisé que finalement je m'en sortais plutôt bien et trouvais presque quatre heures tous les jours pour mes activités personnelles. »

Cet exercice ne va pas vous permettre d'inverser la vapeur et de transformer toutes les zones vertes en zones saumon ou rose (loisirs ou sport) parce que cela est structurellement lié à votre situation familiale et professionnelle.
Mais il va vous donner les moyens de connaître votre marge de manœuvre, de voir quelles activités vous pourriez regrouper ou réduire et où gagner du temps !

GRILLE D'ANALYSE DU TEMPS

	Lundi	Mardi	Mercredi	Jeudi	Vendredi	Samedi	Dimanche
6:30							
7:00							
7:30							
8:00							
8:30							
9:00							
9:30							
10:00							
10:30							
11:00							
11:30							
12:00							
12:30							
13:00							
13:30							
14:00							
14:30							
15:00							
15:30							
16:00							
16:30							
17:00							
17:30							
18:00							
18:30							
19:00							
19:30							
20:00							
20:30							
21:00							
21:30							
22:00							
22:30							

1 Repos
2 Détente / loisirs
3 Sport
4 Maison
5 Repas
6 Toilette
7 Famille
8 Travail / bénévolat
9 Courses
10 Divers

Les « gaspitemps »

Rappelez-vous ce slogan des années 1970 : « Faites la chasse au gaspi. » Après les deux chocs pétroliers, le gouvernement voulait sensibiliser les citoyens à tous les gaspillages énergétiques.

Vous allez, vous aussi, vous livrer à une chasse au gaspi d'un nouveau type en identifiant vos « gaspitemps », c'est-à-dire tout ce qui vous fait perdre du temps quotidiennement.

Un certain nombre d'entre eux est indépendant de votre volonté et vous ne pouvez pas y faire grand-chose. Il s'agit par exemple des :
• appels téléphoniques imprévus ou très longs,
• amis ou famille débarquant à l'improviste,
• réunions (professionnelles, associatives...),
• impossibilités de déléguer au conjoint, aux enfants ou à une aide extérieure.
Vous pouvez au mieux essayer de minimiser leur impact en travaillant chez vous (si cela est possible) le jour où vous devez attendre le plombier, en emportant de la lecture pour faire passer le temps d'attente chez le médecin ou entre deux conduites d'enfants.

Une autre catégorie de « gaspitemps » vous est en revanche parfaitement imputable. Ainsi, tout ce qui relève de :
• manque de planification quotidienne et hebdomadaire. En ne planifiant pas, on accepte d'agir sous l'impulsion du moment – aller trois fois faire des courses au lieu d'une, aller à la mairie pour une démarche administrative et découvrir qu'il manque le justificatif de domicile indispensable.
• travaux non terminés, en cours... Il est très facile de commencer plein de choses, puis de s'arrêter à la première difficulté et de laisser les choses en l'état,
• absence de dates limites auto-imposées. Lorsqu'on ne se fixe pas d'échéances, on a l'impression d'avoir tout son temps jusqu'au moment où l'on s'aperçoit qu'il est trop tard – c'est la meilleure façon de se créer des

urgences artificielles. Rien ne sert de courir, il faut partir à point,
• tendance à en faire trop/perfectionnisme,
• désordre,
• intérêts dispersés et trop nombreux,
• confusions ou doublons dans le partage des rôles,
• compétences insuffisantes pour certaines tâches (gestion, cuisine...),
• incapacité à dire non,
• fatigue, maladie.

À l'exception de la maladie et de la fatigue, tout le reste est lié au caractère et aux habitudes.

DIX « LOIS » DE LA GESTION DU TEMPS À MÉDITER

Loi de Parkinson

Le travail se dilate jusqu'à occuper la totalité du temps disponible : plus j'ai de temps pour une activité, plus celle-ci me prendra de temps. Dans certains cas, on en arrive à créer des tâches inutiles pour occuper le temps disponible.

Loi de Pareto (20/80)

20 % des actions produisent 80 % des résultats – il est capital d'identifier ces 20 % si l'on veut être efficace.

Loi d'Illich (productivité décroissante)

Le mieux est l'ennemi du bien. Au-delà d'un certain seuil, l'efficacité décroît.

Loi de Murphy ou LEM

« Si quelque chose de mal peut se produire, cela arrivera. » Il faut donc prévoir plus de temps que ce qu'on avait initialement envisagé.

Loi de Swoboda-Fliess-Teltscher (rythmes biologiques)

Certains sont du matin, d'autres du soir... Nous ne choisissons pas notre rythme biologique, en revanche nous pouvons choisir de programmer les activités les plus complexes ou demandant une grande concentration au moment où nous sommes le plus en forme.

Loi de l'Ecclésiaste ou loi de l'alternance
Il y a un moment pour tout et un temps pour chaque chose sous le ciel. Inutile de se mettre à remplir sa déclaration d'impôts entre 5 et 7 heures si les enfants viennent de rentrer de l'école.

Principe des séquences homogènes
Il est plus efficace de régler cinq factures successivement que séparément en cinq fois.

Loi de Fraisse – dimension subjective du temps
Le temps passe d'autant plus vite que ce que je fais m'intéresse.

Loi de Carlson – bloquer du temps sans interruption
Lorsque je suis dérangé il me faut cinq minutes pour retrouver mon niveau de concentration antérieur. Un cadre est dérangé en moyenne une fois toutes les quinze minutes pour une durée moyenne de deux minutes : il passe donc près de 50 % de son temps à gérer des interruptions.

Six principes de Laborit (on fait spontanément...)

ce qui nous plaît	AVANT	ce qui nous déplaît
ce qui est facile	AVANT	ce qui est difficile
ce qui va vite	AVANT	ce qui prend du temps
ce que nous savons faire	AVANT	ce qui est nouveau
ce qui est urgent	AVANT	ce qui est important
ce que d'autres nous imposent	AVANT	ce que nous avons choisi

Gérez votre temps en fonction de vos objectifs

Avant de se demander comment trouver du temps, il faut se demander **pourquoi ?**
« Pourquoi est-ce que je cours toujours derrière les événements ? Pourquoi est-ce que je veux gagner du temps ? Pour faire encore plus de choses – ou pour aborder avec calme les situations telles qu'elles se présentent ? »

Attention !

Le temps est un moyen au service d'un objectif.
Vous aurez toujours plus de choses à faire que de temps pour les accomplir.

Vous ne gérez donc pas votre temps mais vos priorités.

Définissez vos priorités

C'est le moment de mettre à plat vos priorités :
- Réfléchissez à vos différents rôles : professionnel salarié ou non, « home manager », parent, membre d'association...
- N'oubliez pas pour autant ce dont vous avez besoin pour votre équilibre personnel : activités culturelles et sportives, vie sociale...
- Listez les tâches qui en découlent.
- Établissez des priorités.

Un jour, un vieux professeur de l'École nationale d'administration (ENA) fut engagé pour donner une formation sur la planification efficace de son temps à un groupe d'une quinzaine de dirigeants de grosses compagnies nord-américaines. Ce cours constituait l'un des cinq ateliers de leur journée de formation. Le vieux prof n'avait donc qu'une heure pour convaincre.

Debout, devant ce groupe d'élite (qui était prêt à noter tout ce que l'expert allait enseigner), le vieux prof les regarda un par un, lentement, puis leur dit :

– Nous allons réaliser une expérience.

De dessous la table qui le séparait de ses élèves, le vieux prof sortit un grand pot en verre transparent qu'il posa délicatement en face de lui. Ensuite, il sortit environ une douzaine de cailloux à peu près gros comme des balles de tennis et les plaça délicatement, un par un, dans le grand pot. Lorsque le pot fut rempli jusqu'au bord et qu'il fut impossible d'y ajouter un caillou de plus, il leva lentement les yeux vers ses élèves et leur demanda :

– Est-ce que ce pot est plein ?

Tous répondirent : Oui.

Il attendit quelques secondes et ajouta :

– Vraiment ?

Alors il se pencha de nouveau et sortit de sous la table un récipient rempli de gravier. Avec minutie, il versa ce gravier sur les gros cailloux puis brassa légèrement le pot. Les morceaux de gravier s'infiltrèrent entre les cailloux jusqu'au fond du pot.

Le vieux prof leva à nouveau les yeux vers son auditoire et redemanda :

– Est-ce que ce pot est plein ?

Cette fois, ses brillants élèves commençaient à comprendre son manège. L'un d'eux répondit : Probablement pas !

– Bien ! répondit le vieux prof.

Il se pencha de nouveau et, cette fois, sortit de sous la table une chaudière de sable. Avec attention, il versa le sable dans le pot. Le sable alla remplir les espaces entre les gros cailloux et le gravier.

Encore une fois, il demanda :

– Est-ce que ce pot est plein ?

Cette fois, sans hésiter et en chœur, les brillants élèves répondirent : Non !

– Bien ! répondit le vieux prof. Et comme s'y attendaient ses prestigieux élèves, il prit le pichet d'eau qui était sur la table et remplit le pot jusqu'à ras bord. Le vieux prof leva alors les yeux vers son groupe et demanda :

– Quelle grande vérité nous démontre cette expérience ?

Pas fou, le plus audacieux des élèves, songeant au sujet de ce cours, répondit :

– Cela démontre que même lorsque l'on croit que notre agenda est complètement rempli, si on le veut vraiment, on peut y ajouter plus de rendez-vous, plus de choses à faire.

– Non répondit le vieux prof. Ce n'est pas cela. La grande vérité que nous démontre cette expérience est la suivante : si l'on ne met pas les gros cailloux en premier dans le pot, on ne pourra jamais les faire entrer tous, ensuite. Il y eut un profond silence, chacun prenant conscience de l'évidence de ces propos.

Le vieux prof leur dit alors :

– Quels sont les gros cailloux dans votre vie ?

Votre santé ? Votre famille ? Vos ami(e)s ? Réaliser vos rêves ? Faire ce que vous aimez ? Apprendre ? Défendre une cause ? Vous relaxer ? Prendre le temps... ? Ou... toute autre chose ?
Ce qu'il faut retenir, c'est l'importance de mettre ses GROS CAILLOUX en premier dans sa vie, sinon on risque de ne pas réussir... sa vie. Si l'on donne priorité aux peccadilles (le gravier, le sable), on remplira sa vie de peccadilles et on n'aura plus suffisamment de temps précieux à consacrer aux éléments importants de sa vie.
Alors, n'oubliez pas de vous poser à vous-mêmes la question : quels sont les GROS CAILLOUX dans ma vie ? Ensuite, mettez-les en premier dans votre pot (vie).

D'un geste amical de la main, le vieux professeur salua son auditoire et lentement quitta la salle.

Covey, Stephen R., Merrill, A. Roger, et Merrill, Rebecca R., *Priorité aux priorités*. Paris, Éditions générales FIRST, 1995, p. 112-113.

Analysez vos activités

Reprenez la grille d'analyse du temps que vous avez remplie. Vous constaterez qu'un certain nombre de plages horaires sont clairement définies : entre le lever et le départ à l'école ou au travail, les heures de travail, les rendez-vous médicaux, le cours de gym. Il s'agit de temps **solide**, vous connaissez l'heure de début et de fin de cette activité.
D'autres plages de temps sont un peu plus élastiques – quoique prenant à peu près la même durée chaque jour –, il s'agit des heures de repas (préparation, consommation et nettoyage), qui peuvent fluctuer, du temps consacré à faire les courses chaque semaine... Il s'agit de temps **liquide** : vous connaissez la durée globale de l'activité, mais elle n'est pas figée à un moment précis.
Enfin, vous découvrirez des zones difficiles à identifier – pour lesquelles vous avez du mal à reconstruire un emploi du temps, car il n'y avait pas d'heures précises de début et de fin. On trouve là – pêle-mêle – du ménage, du rangement, des coups de téléphone, du temps passé à surfer sur la toile, à aider les enfants à faire leurs devoirs, du bricolage... On peut qualifier ces périodes de temps **gazeux** – le gaz ayant la propriété de se dilater pour occuper tout l'espace disponible.

Comparez vos priorités avec la réalité de votre emploi du temps

Voici quelques questions à vous poser pour y voir plus clair.

Les activités que vous n'avez jamais le temps de faire
Quelles sont-elles ? Pourquoi sont-elles délaissées ?
Est-ce une question de motivation ? de compétences ?
Que se passera-t-il si vous continuez à ne pas les faire ?
Qu'êtes-vous prêt à mettre de côté pour y consacrer du temps ?

Les activités qui vous prennent trop de temps
S'agit-il d'activités compressibles ou incompressibles ?
Sont-elles planifiées ou imprévues ?

Donnez-vous plus d'importance aux choses urgentes ou importantes ?
S'agit-il de choses que vous aimez faire ou que vous subissez ?

Donnez-vous des objectifs opérationnels

« Il n'est pas de vent favorable à celui qui ne sait où il va. » (Sénèque)
Pour pouvoir modifier les choses, il faut se donner des objectifs.
Un bon objectif est :
- précis,
- réaliste,
- stimulant,
- vérifiable,
- daté ou chiffré.

En clair : « Je voudrais faire du sport cette année » n'est pas un objectif mais un vœu pieux !
En revanche, « Je voudrais nager une heure chaque semaine et être capable de faire cinquante longueurs avant Noël » est un véritable objectif.
Maintenant, il vous reste juste à trouver les horaires d'ouverture de la piscine et le moment où vous allez caser cette activité dans votre emploi du temps.

Les outils de la gestion du temps

Mieux gérer son temps suppose de savoir

Planifier
Organiser
Gérer les sollicitations
Déléguer

Planifier

Planifier, c'est prendre le temps de penser pour être plus efficace ensuite. On dit familièrement « lever le nez du guidon », afin de voir plus loin que la fin de la journée...

On entend trop souvent : « Je n'ai pas le temps de m'organiser ! »
C'est clair, cela prend du temps de s'organiser – mais avez-vous vraiment le temps de perdre du temps ?!

Concrètement, comment faire ?
Voici quelques outils pour vous y aider :
• Faites un planning type par jour de semaine (cf. fiche technique 2).
• Listez vos tâches quotidiennes pour les optimiser et ne rien oublier (cf. fiche technique 1 : les habitudes quotidiennes).
• Préparez la veille au soir votre plan de journée pour le lendemain – **par écrit si besoin**.
• Évaluez le temps nécessaire à vos actions – et non le temps disponible (loi de Parkinson).
Churchill utilisait, dit-on, un système à quatre cases pour traiter ses activités quotidiennes en fonction de leur urgence et de leur importance.
Ce système s'adapte tout aussi bien à la vie à la maison. L'une des raisons principales pour lesquelles nous sommes tout le temps en train de courir est que nous croyons être dans la situation n° 1 Important et Urgent, alors que le sujet relevait de la situation n° 2 Important et Non urgent.
Faire sa déclaration de revenus le dernier week-end en catastrophe, alors que cela fait deux mois qu'on aurait pu s'y mettre relève de ce cas de figure.
Étant souvent dans la case n° 1, on est « sous pression » et on a tendance à glisser vers les activités de « compensation » : on fait ce qui n'est ni important ni urgent...
« Il n'y a pas d'urgences, il n'y a que des gens pressés. » (Un médecin urgentiste au SAMU.)

	Important	**Non important**
Urgent	**1)** Ne devrait pratiquement pas exister. Hormis les accidents, il y a peu d'urgences importantes !	**3)** Déléguer si possible ou faire repousser les délais
Non urgent	**2)** Planifier et fractionner en petites tâches	**4)** Déléguer ou dire non

Mais, bien avant la planification à tout prix, il y a les personnes, alors :

• Gardez de la souplesse pour absorber les imprévus. Les médecins bloquent tous les jours du temps sur leur agenda, pour accueillir les urgences de la journée – faites la même chose.
• Tenez compte en priorité de vous-même et des personnes qui vous entourent.
• Votre agenda est à votre service – pas le contraire.
• Planifiez de façon réaliste – inutile de charger la mule !

Attention !

Quand vous avez une liste de dix choses à faire pour le lendemain, plutôt que d'être frustré de n'en avoir fait que la moitié, faites preuve de sagesse : sélectionnez les trois plus importantes pour vous, replanifiez les autres et soyez satisfait le soir de les avoir accomplies !

S'ORGANISER

Le classeur « Home GPS » (voir chapitre 2)
Établir la liste des habitudes quotidiennes (matin/soir) – fiche technique 1, *à placer onglet 4*.
Établir un planning hebdomadaire type, parce qu'un lundi est différent d'un jeudi ! – fiche technique 2, *à placer onglet 5*.
Établir votre calendrier perpétuel pour les événements récurrents (anniversaires, vacances, impôts...) – fiche technique 3, *à placer onglet 6*.
Une liste de tâches, de projets en cours – *à placer onglet 9* dans les listes diverses.

L'agenda (voir chapitre 10)
Pour noter tous vos rendez-vous professionnels ou personnels dans un agenda unique.
Vos rendez-vous avec vous-même ont autant d'importance que ceux avec d'autres personnes – marquez donc l'heure consacrée au sport !
Utilisez-le pour planifier vos tâches. Une tâche planifiée sur l'agenda a 70 % de chances en plus d'être réalisée.

Le carnet d'adresses (voir chapitre 10)

Astuces

• Faites immédiatement ce qui prend moins de cinq minutes, planifiez le reste.
• Filtrez les appels téléphoniques et rappelez plus tard.
• Utilisez les fonctions de vos machines (touches de programmation pour le four, la machine à laver, le sèche-linge...).
• Apprenez à traiter vos papiers et vos e-mails.
• Transformez le temps « gazeux » en temps « liquide » ou « solide ».
• Regroupez vos courses sur un seul jour.
• Bloquez sur votre agenda le temps consacré à vos activités personnelles (travail ou loisirs).

GÉRER LES SOLLICITATIONS ET SAVOIR DIRE NON

Une sollicitation extérieure représente une triple contrainte :
• Conserver de bonnes relations.
• Comprendre réellement la demande.
• Préserver votre temps.

N'hésitez pas à faire préciser sa demande à votre interlocuteur.
Si vous n'en comprenez pas bien l'objectif, demandez « Pourquoi ? » – en répétant si nécessaire la question.

Martin (huit ans) rentre de l'école : « Maman, faut aller tout de suite au magasin.
– Pourquoi ?
– Parce que c'est la maîtresse qui l'a dit.
– Pourquoi ?
– Il me faut un nouveau cahier.
– Pourquoi ?
– Pour écrire les poésies.
– Pourquoi ? (Sous-entendu, tu en as déjà un.)
– Parce que la semaine prochaine, on va faire un nouveau thème et il faudra coller des feuilles d'un côté et dessiner sur des pages blanches en face. »

De même, pour une demande inhabituelle, vérifiez que vous avez la réponse au **QQQOCCP**
Qui ? Quoi ? Quand ? Où ? Combien ? Comment ? Pourquoi ?
Exemple : votre association préférée vous demande si vous voulez bien participer à l'envoi d'un mailing.

Vérifiez s'il s'agit d'une action ponctuelle, combien de temps cela va prendre, à quoi cela va servir, où cela doit se faire et comment.
Rendre service est une chose, se mettre en difficulté en acceptant une charge trop importante à un moment où vous n'êtes pas disponible en est une autre.

Attention !

N'acceptez aucun engagement avant d'avoir vérifié votre disponibilité. Cette nouvelle tâche, va-t-elle remettre en cause votre capacité à remplir vos engagements existants ?
Si vous dites oui, que ce soit sans arrière-pensée.

Savoir déléguer

Le secret d'un bon manager, c'est de savoir déléguer !
« Il est plus efficace de faire travailler dix personnes que de travailler comme dix ! »

Comme dans l'entreprise, il y a de bonnes raisons pour déléguer à la maison :
• vous contribuez à rendre les autres autonomes. Déléguer à ses enfants n'est pas simplement une façon de se débarrasser d'une tâche pénible ou prenante, c'est aussi les former à ce qu'ils auront à faire plus tard chez eux ;
• vous leur donnez la possibilité d'acquérir des responsabilités ;
• vous encouragez l'esprit d'initiative et le savoir-faire : tous dans la famille peuvent avoir des idées géniales ;
• vous faites confiance aux autres et vous ne vous rendez pas indispensable.

Les freins à la délégation
En analysant votre grille horaire, vous vous êtes rendu compte que pas mal d'activités ne rentraient pas dans les vingt-quatre heures du jour, dans les sept jours de la semaine et les trente jours du mois...
Pourtant il n'est pas facile de déléguer :
• parce que les autres ne le feront pas aussi bien, ou pas exactement comme vous voulez ;

• parce que cela prend plus de temps que si vous le faites vous-même ;
• parce que vous avez du mal à « lâcher prise » et avez tendance à vouloir tout gérer vous-même ;
• parce que vous vous comparez peut-être, en disant : « Ma belle-mère, elle, faisait comme ceci... ou ma voisine... » ;
• parce que vous rencontrez souvent un silence familial ou un vide soudain quand vous demandez : « Qui veut faire ça ? »

Il se peut aussi que vos objectifs personnels ne soient pas clairement définis : il est alors difficile de savoir ce que vous pouvez faire faire aux autres.
En vous centrant sur vos priorités, vous déléguez ce qui n'est pas votre mission propre.
Si vous construisez vos priorités comme une pyramide, vous trouvez à la base les tâches matérielles de la vie quotidienne.
À un niveau intermédiaire, les tâches destinées à l'amélioration de la vie familiale, et à un niveau supérieur, les relations personnelles.
Plus vous descendez dans cette pyramide, plus vous pouvez **déléguer** pour vous consacrer aux tâches qui sont les plus importantes pour vous, en tant que « Home manager ».

On considère trois niveaux de délégation :

	Objectifs	Moyens	Suivi	Contrôle
Téléguidage	Définis par vous Vérifiez qu'ils sont bien compris	Fournis par vous Bien expliquer où et comment les employer	Pas à pas Faire avec la personne au début	Vous contrôlez
Délégation	Définis ensemble Vérifiez encore la bonne compréhension	Fixés ensemble	De loin	Bilan ensemble
Autonomie	Aidez l'autre à les définir	Libre choix	Normalement, il n'y en a pas ! Efforcez-vous de laisser faire, à sa manière, sans intervenir	Soyez disponible pour faire le bilan ensemble

Vous pouvez donc déléguer tout ce qui ne constitue pas le cœur de votre « métier ».
Avec de jeunes enfants, vous êtes dans une relation de téléguidage.
Avec une employée familiale, vous déléguez.
Mieux vaut rester dans la catégorie « Autonomie » avec votre conjoint !

Quelques règles d'or

– Ne demandez jamais la même tâche à plusieurs personnes à la fois.
– Lorsque vous demandez quelque chose, ne le faites pas vous-même en oubliant que vous l'avez demandé.
– N'oubliez pas de remercier et d'encourager les bonnes volontés !
– Commencez lorsque les enfants sont petits : cela leur semblera par la suite normal même si ce n'est pas plus facile à obtenir ; la spontanéité et l'élan pour aider sont parfois inversement proportionnels à l'âge des enfants !
– Détectez les capacités et les goûts de chacun pour confier des tâches qui vont dans le même sens (le bricoleur, le chef de cuisine, le terrassier...) : c'est plus motivant de réaliser quelque chose que l'on aime ou que l'on sait faire !
– Cependant, toutes les tâches – surtout les plus « ingrates », nettoyer la douche ou descendre la poubelle – doivent être effectuées par tous, à tour de rôle : question de justice !
– Si personne n'est désigné pour une tâche, elle ne se fera pas spontanément, faute de responsable. Si deux personnes ou plus sont désignées pour une même tâche, elle ne se fera pas non plus – chaque personne comptant sur l'autre !

« *Ne dites pas aux gens comment faire, mais quoi faire. Ils vous surprendront par leur créativité.* » (Général Georges S. Patton Jr.)

Les habitudes quotidiennes qui vous facilitent la vie

Le fait d'écrire noir sur blanc l'enchaînement de ses tâches quotidiennes « aux heures à risque » permet de fluidifier ces moments. Il peut être nécessaire de les garder sous les yeux au début... car il faut répéter consciemment pendant vingt et un jours un nouveau geste avant qu'il devienne une habitude.
Voilà deux exemples à adapter à votre situation.

Le soir – après dîner

Ce sont les plus importantes – car elles conditionnent le démarrage de la journée du lendemain

Que puis-je faire ce soir qui me facilitera la vie demain ?

Salon / entrée : ramasser rapidement ce qui traîne
Cuisine : débarrasser et nettoyer la table, passer un coup de balai, lancer le lave-vaisselle

Enfants / conjoint
Vérifier que les vêtements pour demain sont prêts
Mettre les cartables « prêts à partir » dans l'entrée, signer les carnets
Vérifier avec eux (le conjoint surtout) leur planning du lendemain

Moi
Regarder mon agenda
Faire ma « to-do list » pour demain
Mettre dans l'entrée, ou sur la table du salon, les choses que je veux emporter demain
Regarder le menu des repas pour demain et sortir du congélateur si nécessaire
Mettre sur la table le maximum pour le petit déjeuner de demain
Préparer vêtements, chaussures (plus facile pour les cirer si nécessaire) et accessoires

Temps libre
Film / livre
Tisane, pyjama, brosser les dents

Le Matin

Lever du roi – 6 h 45
Réveil / Douche / Habillé / Faire le lit
Vérifier agenda du jour

Enfants – 7 h 5
Réveiller les enfants
Vérifier qu'ils sont prêts à s'habiller avant de sortir de leur chambre

Cuisine – 7 h 10
Vider le lave-vaisselle (si pas pris en charge par un enfant)
Lancer le petit déjeuner (voir menu) et faire le café
Vérifier ce qui est prévu pour le déjeuner et laisser note à la nounou si les enfants rentrent déjeuner.
Desservir la table du petit déjeuner

Préparation départ – 7 h 55
Enfants prêts au départ avec cartables dans l'entrée

Préparation journée – 8 h 05
Variable selon que départ, ou matin à la maison
Relire et modifier si besoin la liste de tâches de la journée

Planning hebdomadaire

Jour LUNDI

		Personnes concernées					
Heure	Activités	Béa	BC	AH	G	S	M
6:45	Réveil	X	X	X			
7:00	Réveil				X	X	X
7:30	Départ école - AH		X				
8:00	Départ école - Bernard emmène		X			X	X
8:30	Lancer machine draps	X					
9:00							
9:30							
10:00	Arrivée femme de ménage						
10:30							
11:00							
11:30							
12:00	Catherine ramène enfants de l'école					X	X
12:15	Retour G et déjeuner des 3 enfants				X		
13:20	Femme ménage ramène enfants à l'école				X	X	
13:30	Départ G au collège				X		
14:00							
14:30							
15:00							
15:30							
16:15	Chercher enfants à l'école -					X	X
16:30	ramener Sophie chez elle						
17:00	Vérifier travail musique et anglais					X	
17:15	Retour				X		
17:30	Retour (à 16:30 en semaine A)			X			
18:30							
19:00							
19:30							
20:00							
20:30	Sport	X					
21:00	Sport	X					
21:30							
22:00							

Divers							
2	Donner tablier d'école					X	X
2	Préparer vêtements de sport / patinoire					X	
2	Vérifier matériel de musique prêt pour mardi			X	X		

Mode d'emploi

1. Si nécessaire, remplacer l'heure indiquée par l'heure exacte.
2. Remplacer les numéros par les initiales des membres de la famille dans les colonnes Personnes concernées. Au besoin supprimer ou ajouter des colonnes.
3. Utiliser les emplois du temps des enfants (collège et plus) au besoin pour vérifier les heures de classe.
4. Saisir uniquement les événements propres et spécifiques à chaque journée. Le quotidien se trouve dans les routines quotidiennes.
5. Utiliser la zone Divers pour les choses à faire sans contrainte d'heure et pour les notes.

Calendrier perpétuel

Mois de : **Janvier** **Année :** **2007**

Jour	Événements	Personne Concernée
1	Férié	
2		
3		
4		
5		
6		
7		
8		
9		
10	Fête Guillaume	BD
11		
12		
13		
14		
15		
16		
17		
18		
19		
20		
21	Anniversaire Marie - née en 1996 - filleule de BC	BC
22		
23		
24		
25		
26		
27		
28	Anniversaire décès papa	BM
29		
30		
31		
Activités sans jour fixe	**Événements**	**Personne Concernée**
	Acheter Cadeau anniv pour Marie avant le 15/1	BD
	Prendre RV pour entretien chaudière avec Sté Y	BC
	Révision annuelle voiture	BD
	Planifier vacances été (lieu et dates)	BD

Mode d'emploi

1.Saisir les événements récurrents à dates fixes. Exemples : anniversaire, naissance, mariage, décès, fête...

2. Utiliser la zone sans date fixe pour les rendez-vous et activités à planifier dans le mois. Exemple : préparer dossier impôts, révision voiture ou chaudière... Cadeaux à acheter en février pour anniversaire début mars...

3. Personne concernée : inscrire le nom de la personne « en charge »... par défaut : Vous !

4. Imprimer et perforer les douze feuilles – les mettre dans le Home GPS. Éviter les pochettes plastique, il est plus pratique que les feuilles soient accessibles. Compléter au fur et à mesure de l'année.

4

Éliminez le désordre

Qui n'a pas envie de se sentir bien chez soi ? Même si le désordre semble vous rassurer, il n'en est rien ! Inconsciemment, il provoque en vous des tensions que vous pouvez faire disparaître.

En éliminant ce désordre, vous pourrez **vivre mieux dans un intérieur conforme à vos goûts et à vos besoins**. Ce sera une source de paix et de sérénité pour vous, mais également pour l'ensemble de votre famille.

Si vous voulez gagner de la place chez vous, il n'y a que deux solutions :

- réduire le nombre de choses à stocker,
- utiliser l'espace plus efficacement.

Ce chapitre va clairement vous aider. Si, toutefois, vous pensez qu'acheter plus de boîtes vous aidera, alors rappelez-vous ce principe. « **On ne peut pas organiser le désordre, on ne peut que s'en débarrasser.** »

Qu’est-ce que le désordre ?

Nous avons jusqu’à présent employé le mot désordre, sans en donner de signification précise. Pour nos stagiaires, ce mot évoque :

• des synonymes : « bazar », « foutoir », « pagaille », « bordel », « souk », « panique » ;

• des images : un bateau qui coule, une armoire pleine, mon bureau, la chambre des enfants, ça se voit, on ne peut pas l’ignorer ;

• des impressions : les objets ont une vie propre, ils rampent tout seuls et envahissent tout ;

• des sentiments : « c’est déprimant », « ça revient tout le temps », « c’est oppressant », « ça me fatigue rien que d’y penser » ; de l’énervement face au bazar des autres, de la culpabilité face à mon propre foutoir. Plus on range, plus on est frustré par le désordre des autres.

L’avis du spécialiste

Il faut en fait distinguer deux phénomènes différents.

D’une part le désordre visible et objectif – le « mal-rangé » : ce désordre-là résulte du fait que des objets ont été sortis et non remis ensuite à leur place, pour un certain nombre de raisons plus ou moins bonnes. « À quoi bon tout ranger maintenant, alors que je vais me remettre à ce projet sous peu ? », « Je n’ai pas eu le temps avant de partir ».
Les enfants sont rentrés de l’école et ont laissé leurs cartables en plein milieu du salon, les chaussures en vrac dans le couloir et les vestiges du goûter sur la table de la cuisine – on peut les suivre à la trace.

D’autre part ce qu’on peut appeler le désordre rampant – le « en trop ». C’est une forme beaucoup plus pernicieuse de désordre, car on s’y accoutume et ne le voit plus : il s’agit d’une accumulation d’objets, de cadeaux encombrants, de choses qui n’ont plus de raison d’être ou qui n’ont jamais eu de place définie.
Vous avez gagné à la fête de l’école deux poissons rouges ; il a fallu acheter un bocal pour les loger, des daphnies pour les nourrir, et vous les avez installés dans la salle à manger sur la cheminée. Malheureusement pour elles, les pauvres bêtes n’ont pas résisté aux changements trop rapides d’eau (ou a contrario à l’eau non changée pendant trois mois). Elles ont donc quitté la maison *via* la cuvette des toilettes à votre grand soulagement... mais le bocal et les daphnies sont, eux, restés sur la cheminée – recyclés en vide-poches pour le bocal et en désordre pour les daphnies.
Ces deux objets n’ont plus de raison d’être objective dans votre salle à manger, et l’encombrent.

Quand nous parlons de désordre, nous évoquons indifféremment ces deux formes flagrantes et rampantes : le « mal-rangé » et le « trop ».

Passons en revue les différentes conséquences du désordre.

Les conséquences du désordre

Le désordre nous agresse et nous coûte à bien des égards : que ce soit physique (on en a plein le dos au propre et au figuré) ou mental, cela touche aussi souvent au portefeuille et se résume toujours à une énorme perte de temps !

Désordre et physique : se prendre les pieds dans le cartable, marcher pieds nus (de nuit en général) sur un jeu d'enfant, recevoir une pile de linge sur la tête en ouvrant une armoire trop pleine.

Désordre et santé : il est quasi impossible de passer l'aspirateur ou de faire la poussière dans une pièce encombrée. La perspective de passer une demi-heure ou plus à ramasser et ranger est dissuasive, et pourtant avez-vous envie de respirer poussières et acariens ?

Désordre et finances : vous savez que vous avez un sécateur quelque part, mais cela sera plus rapide d'en racheter un que de le rechercher.
La pénalité de retard est de 10 % pour la déclaration de revenus, mais vous n'avez pas réussi à remettre la main à temps sur le dossier que vous aviez mis de côté pour ne pas le perdre. Il va forcément resurgir quand vous classerez.

Désordre et éducation : pouvez-vous décemment demander à vos enfants de ranger leur chambre quand ils voient l'état du salon ou de la cuisine ? On a beau être des spécialistes du « faites ce que je dis, pas ce que je fais », on finit par se rendre compte qu'on n'est plus crédible.

Désordre et stress : le désordre qui vous entoure a des répercussions sur votre esprit – à moins qu'il ne soit le reflet d'un certain désordre intérieur –, il vous empêche d'avoir les idées claires et vous fait vivre dans la peur permanente d'oublier quelque chose. C'est une source de stress, de culpabilité, d'énervement et de mauvaise image de soi-même.

Enfin, si vous n'osez plus recevoir chez vous en pensant au temps nécessaire pour rendre la maison présentable ou si vous refusez des sorties avec des amies pour ranger à la place, il est alors temps de vous poser de vraies questions.

À savoir

De nombreuses études faites dans des entreprises américaines, anglaises et allemandes ont montré que la plupart des salariés perdent entre quarante-cinq minutes et une heure par jour à chercher des informations mal classées. À l'échelle d'une année, cela représente près de six semaines !
Il y a fort à parier que la perte de temps à la maison peut se chiffrer de la même façon !

Le désordre résulte d'une série de décisions non prises et d'une accumulation de choses. Une des façons les plus simples de s'en débarrasser est de faire suivre une cure d'amaigrissement à sa maison – en évitant le régime « yo-yo ».
Pour s'attaquer aux racines du mal, examinons les « bonnes raisons » pour ne rien faire.

Les fausses bonnes raisons pour ne rien faire

Attention

- Si je ne le fais pas parfaitement, ce n'est pas la peine.
- On me l'a donné, j'en ai hérité.
- Je l'ai acheté, ça m'a coûté cher.
- Ça peut toujours servir, je le garde au cas où.
- Je le mets de côté pour ma cousine.
- Si seulement j'avais une pièce de plus !
- Je ne sais pas où ni à qui le donner.
- Ça me rappelle tellement de souvenirs...
- J'ai la flemme !

Reprenons calmement :

« Si je ne le fais pas parfaitement, ce n'est pas la peine »
Eh oui, paradoxalement, votre perfectionnisme est souvent à l'origine du désordre. Lorsque, par exemple, pour être sûr de faire parfaitement « comme il faut », vous laissez un projet en plan.

Ainsi, Catherine (du temps et plus d'enfants à la maison) adore chiner les sièges cassés que les gens mettent dans la rue le jour des « encombrants ». Elle les répare, les repeint ou les cire puis attend de trouver LE bon tissu pour les recouvrir – elle a ainsi beaucoup de sièges partiellement refaits dans sa cave.

Le perfectionniste veut faire tellement bien que finalement il ne fait pas du tout ou alors se trompe d'objectif. Souvenez-vous, comme disaient nos grands-mères, que « le mieux est l'ennemi du bien » et oubliez les commentaires désobligeants du style « ce n'est ni fait ni à faire ». Finalement il vaut mieux un peu imparfaitement que rien du tout parfaitement.

À savoir

Le piège dans lequel tombe le perfectionniste est la procrastination, terme peu usité en français mais très commun dans les pays anglo-saxons. Le procrastinateur est celui qui repousse au lendemain ce qu'il aurait pu faire le jour même. Résoudre son problème revient à mieux identifier ses priorités.

« On me l'a donné/j'en ai hérité »
Il est effectivement difficile de se séparer de certains objets – par peur de froisser la personne qui vous les a donnés, par respect pour la mémoire de cette personne, pour transmettre l'héritage familial à ses enfants, parce que cela vient de la personne avec qui vous partagez votre vie et votre maison...
Votre cadre de vie vous appartient, devez-vous vous laisser encombrer par des choses que vous n'aimez pas ? NON ! « Chez moi, c'est chez moi et je suis libre de choisir mon cadre de vie. »
Il importe de pouvoir soit supprimer ce qui vous gêne,

soit mieux encore prévenir l'entrée chez vous de ce que vous n'avez pas envie de recevoir ou pas la place de garder, tout en ménageant de bonnes relations avec les généreux donateurs.

Votre belle-sœur vous a offert un vase que vous avez toujours détesté. Vous n'êtes pas obligé de le laisser en exposition permanente sur la cheminée, il peut être au fond d'un placard, avoir été cassé (par les enfants – quelle maladresse !) ou faire le bonheur d'un vide-grenier (dans une autre ville).

« Je l'ai acheté/ça m'a coûté cher »
Il arrive qu'on fasse des erreurs, mais est-ce une raison pour se punir deux fois – par une dépense inopportune et par un regret à chaque fois que vous revoyez l'objet en question. Mieux vaut tourner la page et s'en servir comme d'une leçon pour ne plus reproduire l'erreur.

Isabelle a acheté une paire de sandales Prada – en solde –, une affaire lui a fait miroiter la vendeuse ! Une tellement bonne affaire, que cela fait deux ans qu'elles stagnent dans son placard, car elle n'a jamais réussi à les mettre, pour cause de mal aux pieds intolérable.

« Ca peut toujours servir/je le garde au cas où »
Vos greniers, garages, placards sont pleins d'« okazou » et de « ça peut » (« Ça peut toujours servir » disent les Belges). On rencontrait même chez certaines personnes âgées, qui avaient connu la guerre, des boîtes à gâteaux en fer-blanc étiquetées « petits bouts de ficelles ne pouvant servir à rien ».
Pour conforter les partisans de cette théorie, c'est toujours le lendemain du jour où on a jeté un « truc » que l'on en aurait eu besoin.
Sérieusement, on dimensionne une organisation pour les 99 % du temps où elle fonctionne normalement, pas pour le 1 % des cas où il y a un problème.

Marie habite une grande maison en province. Sa cuisine pourrait être très chaleureuse et agréable à vivre si elle n'était aussi chargée. Elle a ainsi un grand pot en grès dans lequel elle met ses ustensiles de cuisine. Chez elle j'ai été surprise de voir trois écumoires en état d'usage plus qu'avancé (une en ferraille tordue, l'autre avec un manche cassé et la troisième correcte). Surprise, je l'interroge sur cette prolifération matérielle – il s'avère que ces objets proviennent d'une vieille maison familiale qui a été vendue, il y a donc une part de souvenirs – et sur la raison d'en conserver trois. Réponse : il m'en faut une. Incontestable ! Mais pourquoi la deuxième ? Ah celle-là, je la garde pour ma fille (la fille aînée avait alors douze ans) lorsqu'elle sera étudiante et qu'elle habitera un studio, je lui donnerai de quoi s'équiper. Bon d'accord, et la troisième ? Ca, ça sera pour ma maison de campagne (échéance dix ans si tout va bien).

Cela vaut-il la peine de conserver ces objets qui vous encombrent et vous gênent à chaque fois que vous avez besoin d'un ustensile dans le pot ?
Il y a fort à parier que la fille de Marie préférera acheter un kit de cinq ustensiles neufs pour quelques euros plutôt que de mettre dans sa cuisine des « rogatons » dépareillés et abîmés.
Quant au trousseau pour la maison de campagne, il peut être judicieux de faire un carton à la cave avec tous les objets en double ou triple exemplaire qu'on pourra utiliser (ou jeter) plus tard. (Marie a fini par faire un carton à la cave !)

« Je le mets de côté pour ma cousine »
Pourquoi gardez-vous cette poussette au garage ? Pour votre cousine qui aura sûrement un bébé dans quelques années. Dans ce cas, pourquoi ne pas demander franchement à la cousine si cette poussette l'intéresse ? Si oui, donnez-la-lui à la prochaine occasion. Si elle vous dit non, donnez-la donc à une association caritative qui pourra la remettre en circulation rapidement, avant qu'elle ne soit trop vétuste.
Bien sûr, il se peut que votre cousine s'abrite derrière un motif tel que « je n'ai pas la place de la garder pour le moment, toi qui es mieux logée que moi, peux-tu la garder ? », etc.
À vous de voir, mais si elle ne veut pas s'encombrer (à raison, car elle n'a pas de projet de bébé dans l'immédiat),

pourquoi devriez-vous le faire à sa place ? Est-ce que son refus temporaire n'est pas une manière polie de refuser un cadeau encombrant ou qui ne lui plaît pas, et d'éviter le syndrome du « on me l'a donné » ?

« Si seulement j'avais une pièce de plus »
Si vous aviez une pièce de plus, elle serait vraisemblablement remplie comme les autres. Il y a bien sûr des cas – surtout en région parisienne – où on ne dispose pas d'assez de place. Mais la plupart du temps, on le sait bien, la nature a horreur du vide et on s'empresse de poser des piles sur les surfaces plates dégagées !

« Je ne sais pas où ni à qui le donner »
Il est en effet difficile de trouver un endroit où donner certains objets qu'il serait dommage de jeter car ils sont encore en très bon état ou bien pourraient rendre service à d'autres personnes.
C'est une démarche plus écologique de donner et faire circuler que de stocker stérilement les biens de consommation.

« Ça me rappelle tellement de souvenirs »
Il faut bien reconnaître que dès qu'on ouvre un tiroir rempli de photos, ou une armoire pleine d'objets de vacances, ce sont des souvenirs qui reviennent.
Si vous avez du mal à tourner la page et à vous séparer de choses familières, rangez avec quelqu'un qui vous aide à devenir plus « objectif » !
Cette petite robe jaune (taille 36) qui a fait votre succès sur les bancs de la fac a-t-elle toujours sa raison d'être dans votre penderie – alors même que cela fait dix ans que vous vous habillez en 42 ? Honnêtement, il y a peu de chances que vous rentriez dedans un jour ; elle vous culpabilise à chaque fois que vous la voyez et en plus elle occupe une place qui serait mieux utilisée par des vêtements portables.

« J'ai la flemme ! »
C'est la seule vraie bonne raison de ne rien faire.
Quand cela paraît plus simple de laisser en l'état plutôt que de ranger.

Quelques pistes pour donner ou vendre

Associations

On ne devrait donner que ce que l'on serait prêt à accepter. Inutile de se donner bonne conscience en donnant en vrac, vêtements déchirés, meubles non réparables ou électroménager cassé – mettez directement à la poubelle au lieu d'obliger l'association à le faire à votre place.
http://www.emmaus-france.org/
http://www.secourspopulaire.fr/
http://www.oxfamsol.be/fr/ (Belgique)
D'une façon générale, allez sur le site pour trouver les coordonnées de l'antenne la plus proche de chez vous, et contactez-la pour connaître sa politique de « récupération ».

« Bornes textiles »

Elles récupèrent les vêtements et sont souvent implantées près des grandes surfaces.
Elles sont en général opérées par : http://www.lerelais.org/ ou http://www.croix-rouge.fr/
En cas de difficulté pour les localiser, contactez ces associations ou votre mairie.

Sites web

Sur www.recup.net vous pouvez proposer tout et n'importe quoi du moment que c'est gratuit. Le « preneur » vient chercher chez vous ou vous règle les frais de port.

Kermesses

Fêtes d'écoles, d'associations ou d'églises (attention de ne pas stocker pendant six mois en attendant la prochaine) sont une bonne occasion de se débarrasser des objets en bon état qui vous encombrent.

Organiser un « Troc café » chez vous

Le principe est simple : invitez largement pour un café où chacun apporte l'équivalent d'une caisse d'objets en parfait état dont il n'a plus l'usage – mais qui pourraient servir à un autre. On pose tout sur la table et chacun prend ce qui lui plaît. Ce qui reste est soit récupéré par la personne qui l'a apporté, soit donné à une association caritative.

Vendre lors des vide-greniers
Généralement prenant et peu rentable (comparé au temps passé) – avec le risque supplémentaire que vous allez être exposé à la tentation d'acheter le surplus des autres.

Vendre en ligne par Internet
Prenant aussi, car il faut photographier, puis emballer les objets et les poster ensuite.
Au-delà de l'incontournable www.ebay.fr, il existe aussi http://www.kijiji.fr/et http://www.priceminister.com/ ainsi que beaucoup d'autres.

Il est en règle générale plus simple de donner que de chercher à vendre, sauf s'il s'agit réellement d'objets de valeur.

On ne peut pas organiser le désordre – cela revient à déplacer des piles –, **il faut s'en débarrasser : ÉLIMINER !**

Comment faire pour se débarrasser du désordre

Les opérations « coup de poing »

Le « poubelle-athlon »
Trouvez vingt-sept objets à jeter ou donner en moins de quinze minutes. Tout compte (pots de yaourts vides, vieux magazines, jouets cassés, papiers, poubelle à vider)...
Vous pouvez adapter le concept pour les enfants en cherchant dix objets en cinq minutes.
Vous pouvez aussi faire la même chose dans votre sac à main, la voiture ou le frigo (toutes les semaines avant de faire les courses, par exemple – en principe votre frigo n'a pas été livré avec la fonction pourrissoir à légumes).

Cinq minutes top chrono
Passez tous les jours cinq minutes chrono à débarrasser votre pièce la plus en désordre (il n'est pas interdit de faire plusieurs sessions).

Alerte incendie
Reconnaître ses départs de feu et les éteindre tout de suite. On a tous un (ou plusieurs) lieu(x) où les objets ont tendance à s'accumuler. Cela peut être la console dans l'entrée, le comptoir de la cuisine, ou un fauteuil dans le salon. C'est le principe du tag, si vous en laissez un seul, le mur en sera recouvert en quelques jours.
Tous les jours, passez cinq minutes à enlever ce qui a été déposé dans la journée.

Adoptez la méthode T.R.O.P.

T trier
R ranger
O organiser
P ...POUBELLE !

L'un de nos gros problèmes est la dispersion – passer d'une activité ou d'une pièce à une autre. Plutôt que de vouloir tout ranger d'un seul coup, privilégiez le rangement d'une zone déterminée, pendant un temps limité. Alors armez-vous de votre minuteur de cuisine, réglez-le sur quinze minutes (pour être sûre de ne pas en faire trop !), mettez de la musique si vous aimez travailler en musique et démarrez avec un objectif précis.

Pour passer du traitement à l'ancienne – je déplace les piles – à l'élimination définitive des piles, nous vous conseillons :

Le rangement « en profondeur »

Faire une évaluation objective du contenu de chaque pièce
Dans chaque pièce, passez en revue chaque objet et demandez-vous :
• Est-ce que je l'aime ?
• Est-ce que je m'en sers ?
• Est-ce que j'en ai besoin ?
• Est-ce que j'ai envie de le garder ?
• Est-ce que j'ai la place de le garder ?
• Est-ce que j'en ai un autre en meilleur état ? ai-je besoin d'en garder deux ?
Cet exercice est à faire une fois par an et à **petite dose** (une pièce par jour ou par semaine).
Prévoyez des grands sacs-poubelles opaques pour donner et jeter !
Si vous n'avez pas utilisé un objet depuis plus de deux ans, il y a de grandes chances que vous puissiez vous en passer totalement.

La technique « deux corbeilles + deux sacs »
Quand vous rangez une pièce, restez-y et mettez au fur et à mesure ce qui doit aller ailleurs dans l'un des quatre contenants :
Corbeille 1 : objets à ranger dans un autre lieu (distribution à la fin).
Corbeille 2 : papiers à ranger/classer, etc.
Sac-poubelle 1 : à jeter et porter à la poubelle dès que possible.

Sac-poubelle 2 : à donner (sac opaque à fermer pour éviter les « remords ») au plus vite.
Là aussi, fixez-vous un temps limité, ce qui est plus réaliste et encourageant.

Attention !

• Ne vous laissez pas prendre à lire les articles de journaux que vous aviez gardés depuis deux ans ou à recoudre un bouton pendant que vous y êtes. Le temps du tri et du rangement n'est pas celui destiné à faire tout ce qui n'a pas été fait avant.

• Ne sortez pas plus que ce que vous serez capable de ranger en une heure. Autrement, vous serez tentée de vider entièrement un placard et finirez par créer plus de désordre qu'il n'y en avait avant.

Aménagez l'espace

En général, on laisse les choses en vrac quand :
– elles n'ont pas une place attribuée,
– la place qui leur revient est difficile d'accès, peu pratique ou pas dans la bonne pièce.

Alors ? Repensez vos rangements, en fonctionnon pas de l'existant, mais de ce qui correspond réellement à vos besoins.

L'armoire de l'entrée a des étagères larges et l'espacement entre elles est fixe. Nous y avons toujours mis le linge de la maison... au fond, est-ce logique ? Utile là ? Ne peut-on pas y placer par exemple les affaires de sport de toute la famille, qui prennent beaucoup de place et finalement traînent partout dans les chambres ?

Il est intéressant de mettre en parallèle le volume des objets à ranger et la taille des rangements.

Nous vous proposons quelques solutions de rangement dans le paragraphe suivant.

Appliquez les règles de physique

Une pièce, un placard ou un tiroir ne peuvent physiquement contenir qu'un volume donné :
• si un nouvel objet entre, un ancien doit sortir,
• ou bien il faut éliminer d'abord et racheter ensuite.

Cela est particulièrement vrai pour le « dressing » : regardez les vêtements que vous portez habituellement, ceux

dans lesquels vous vous sentez à l'aise et ceux qui vous ont attiré des compliments.
Gardez une ou deux tenues « confortables » pour les sorties sportives ou travaux divers. Quant à ce que vous n'avez pas mis depuis deux ans ou plus (vêtements, accessoires, chaussures...), n'ayez aucune pitié : ÉLIMINEZ sans état d'âme ! Faites-le avec quelqu'un qui vous connaît bien et sera de bon conseil.
Pour les achats, refrénez les envies ou les « occasions » des soldes qui finalement ne s'accordent avec aucun des vêtements de votre garde-robe... regrets et encombrement inutiles !

ACQUÉRIR DE BONNES HABITUDES POUR MAINTENIR L'ORDRE

Attention !

Trois règles d'or
- Allez au bout de vos gestes.
- Rangez au fur et à mesure.
- La méthode des petits pas : travaillez par étapes.

Allez jusqu'au bout de vos gestes

« Attention, cet objet ne sera manipulé qu'une seule fois. »

Vous recevez des amis à dîner. L'un d'eux vous apporte un bouquet de fleurs. Vous mettez les fleurs dans un vase et là, deux mouvements sont possibles : vous laissez le papier et les tiges coupées sur la table, ce qui va ensuite vous encombrer quand vous reviendrez poser les assiettes sales à la cuisine... ou vous jetez directement le papier dans la poubelle, ce qui ne fait qu'un seul geste et laisse place nette pour la suite de la soirée !

Pour éviter de faire plusieurs voyages dans la maison, ce qui est un frein au rangement, utilisez les chariots, sacs ou plateaux pour transporter les objets en même temps, ou les ranger ensemble.

Rangez au fur et à mesure !

Si vous attendez de ne plus pouvoir ouvrir les portes pour vous préoccuper de ranger, la tâche vous paraîtra tellement insurmontable...

Mettez les changements de saison à profit.

À la **fin de l'année scolaire**, essayez, malgré l'impatience de partir en vacances, de trier les fournitures scolaires encore utilisables, et regroupez-les dans un coin de la chambre des enfants : à la rentrée, vous saurez avec plus de précision ce qu'il convient de racheter et vous éviterez un certain gaspillage.

Au **changement de saison**, évitez l'accumulation de vêtements « été-hiver » ou, inversement, ne rangez pas de vêtements non lavés et avant de les ranger, assurez-vous qu'ils ne font pas partie de la catégorie « **EN TROP** » !

Jetez, donnez et ne gardez que ceux qui pourront resservir à la saison suivante : dans des boîtes ou plastiques fermés sous vide, avec un étiquetage (par âge, ou par personne).

Travaillez par étape et par zone

Chaque mois comporte quatre semaines et quelques jours. Divisez votre maison en zones, et à chaque semaine, correspond une zone où vous allez « travailler » plus spécialement. Tous les jours, vous choisissez une « mission » (dix à quinze minutes maxi) à accomplir dans cette zone. À la fin de la semaine vous verrez une vraie transformation. Tous les mois vous revenez dans la même zone. Cette méthode permet d'éliminer le désordre progressivement. (Voir fiches techniques 1 et 2.)

Prenez de bonnes résolutions

- Ne pensez plus : si j'avais plus d'espace, une pièce en plus, j'y arriverais ! Pensez au prix du m^2.
- Acceptez de faire un choix de rangement qui puisse être remis en question plus tard.
- Habituez-vous au vide et acceptez de jeter régulièrement.
- Prenez régulièrement quelques minutes par jour et une heure par semaine pour ranger. C'est comme la

gymnastique : au début, c'est difficile, mais après on ne peut plus s'en passer !

• AGISSEZ !

L'ordre que vous arriverez à maintenir vous fera gagner du temps : vous en aurez plus pour faire ce qui vous plaît !

Aménagez l'espace

Voici quelques idées pour aménager votre espace selon vos besoins.

Les objets sont bien placés près de l'endroit où ils vont être utilisés
La lavette microfibre pour nettoyer la salle de bains sous le lavabo (et pas dans le placard à l'autre bout du couloir...), le sel et les épices près de la cuisinière...

Délimitez clairement les espaces de rangement en les marquant
Une couleur ou un dessin pour chaque enfant, des étiquettes adhésives sur les étagères.

À l'achat d'un rangement, prévoyez large (un tiers plus grand)
Paul a acheté une nouvelle bibliothèque car ses livres s'entassaient en pile et en double rangée. Il trouve un très joli modèle, range, satisfait, ses bouquins, tout rentre pile. Un nouvel achat de livres... et le problème recommence.

Récupérez les « espaces perdus » :
Les dessous d'escalier ou de lavabo peuvent accueillir étagères ou petits bacs empilables sur roulettes.
La descente de l'escalier vers la cave : pourquoi ne pas y installer un portemanteau qui, en plus, sera à la taille de chaque enfant ?
Dans le garage, il n'y a pas moyen d'éliminer le « en trop » : pensez à installer de solides crochets au mur, pour y fixer échelle, vélos, outils de jardin...

Les dessus d'armoires reçoivent volontiers cartons et sacs fermés sous vide, pour les affaires été/hiver.

Aménagez l'entrée
C'est toujours l'occasion d'y laisser tomber manteau, cartable... mais s'il y a un portemanteau à la hauteur des enfants, une étagère pour poser bonnets, sacs... un porte-parapluies, vous aurez peut-être plus de succès avec la ritournelle du retour d'école : « Rangez vos affaires en arrivant ! »

Optimisez vos placards – quelques astuces pour y parvenir

Ne pliez plus les chemises, cela prend moins de place au repassage, et cela simplifie la vie.
Multipliez les tringles : une plus haute pour les vestes, chemises, et placez un support de pantalons coulissant en partie basse.
Dans un placard très étroit, n'hésitez pas à installer une tringle télescopique (ou deux) à tirer vers l'avant.
Repensez la façon de plier votre linge en fonction de la taille de vos étagères (largeur et hauteur).
Pourquoi les draps-housses ne seraient-ils pas roulés au lieu d'être pliés ?
Si les étagères sont fixes et très espacées l'une de l'autre : installez entre les deux étagères des bacs ou tablettes coulissantes.
En bas du placard, prévoyez une étagère ou un porte-chaussures.
Fixez des crochets et des barres à l'intérieur des portes de placards (si celles-ci le permettent) pour y suspendre sacs, ceintures, cravates, écharpes...
Compartimentez les tiroirs pour que les objets plus petits soient rangés par catégorie (chaussettes enfin séparées des slips et tee-shirts).

Dans la cuisine
Installez des étagères murales, des crochets et barres pour suspendre les ustensiles...
Cherchez des rangements d'armoires coulissants (peu larges mais profonds) pour les conserves, bouteilles...

Regroupez les objets par catégorie : le matériel de cuisson, la vaisselle, les denrées pour le petit déjeuner... (Nous donnons plus de détails dans le chapitre « La cuisine au quotidien ».)

Les outils à inclure dans votre classeur « Home GPS » (***onglet 7***)
– les zones de rangement de la maison (fiche technique 1),
– les missions de débarras et rangement par zone (fiche technique 2).
Sur votre planning de la semaine ou du mois, notez les moments dédiés au rangement.

Les 5 zones de la maison

Ces zones sont bien évidemment à adapter en fonction de votre maison ou appartement.

Zone 1 : premiers jours du mois – jusqu'à samedi inclus
entrée, palier, salle à manger

Zone 2 : première semaine complète
cuisine et débarras

Zone 3 : deuxième semaine complète
salle de bains principale / chambres d'enfants

Zone 4 : troisième semaine complète
chambre parents / salle de bains parents / placards

Zone 5 : derniers jours du mois jusqu'au 1er du mois suivant
salon, bureau...

Cette année, le mois de juin commence un vendredi
La zone 1 sera faite vendredi 1er et samedi 2
La zone 2 sera faite du dimanche 3 au samedi 9
La zone 3 sera faite du dimanche 10 au samedi 16
La zone 4 sera faite du dimanche 17 au samedi 23
La zone 5 sera faite du dimanche 24 au samedi 30

Il est plus facile de faire commencer la semaine des zones un dimanche, car c'est en général le jour où l'on a le plus de temps pour se poser et s'organiser !

Vous pouvez également ajouter une zone 6 pour vous occuper de votre voiture.

Attention – pas de perfectionnisme
Si vous n'avez pas le temps un jour d'accomplir la mission que vous aviez prévue, surtout ne la reportez pas au lendemain – oubliez-la, elle reviendra le mois prochain.

Missions débarras et rangement

Chacune de ces missions peut être planifiée et réalisée en dix à quinze minutes maximum. Si la mission s'avérait plus longue, la fractionner sur plusieurs jours.

Divers
Chercher les livres de bibliothèque à rendre
Rassembler tous les objets empruntés à rendre
Vider toutes les poubelles (salles de bains, chambres, salon, cuisine..)
Trier les piles (avec un testeur) – porter toutes les piles usées au recyclage
Jeter les chaussettes dépareillées
Porter à la borne les vêtements à donner
Trier une étagère dans un placard

Voiture
Ramasser tout ce qui traîne
Passer l'aspirateur

Entrée, palier, salle à manger
Enlever chaussures et vêtements
Trier la penderie de l'entrée
Secouer le paillasson et mettre un joli bouquet sur la table.

Cuisine
Nettoyer les comptoirs – enlever les miettes en soulevant les appareils
Vider le placard sous l'évier (vieilles éponges, bouteilles vides, sacs en plastique...)
Trier les boîtes en plastique (éliminer les orphelines, tachées, fondues, boîtes de glaces.)
Vider les restes du frigo et faire l'inventaire avant les courses
Faire le vide dans un placard – jeter les boîtes vides
Trier les rouleaux (alu, plastique, papier, sacs...)
Nettoyer extérieur électroménager (four, frigo, lave-vaisselle...) poignées et traces de doigts
Nettoyer les robinets avec vieille brosse à dents (enlever calcaire et saleté...)
Faire le vide sur le dessus et le devant du frigo (tous les papiers sous les aimants)

Salle de bains
Trier les bouteilles de shampoing, gel douche, savon, gel ou laque cheveux
Trier les cosmétiques – jeter tout ce qui n'a pas été utilisé depuis un an (durée de vie limitée)
Trier les médicaments – rapporter à la pharmacie les inutiles et les périmés

Chambre
Lit – changer les draps, renflouer les oreillers
Débarrasser les surfaces plates (dessus table de nuit, commodes)
Débarrasser sous le lit (objets et poussière)
Si rien, aspirateur
Trier les sous-vêtements, jeter ceux dont les élastiques sont fichus
Trier chaussettes et collants, éliminer les filés et troués
Retourner le matelas
Vider et trier le tiroir de la table de nuit
Aller au lit trente minutes plus tôt avec bon livre et bougie

Salon, bureau...
Trier les bibelots, les aimez-vous toujours ?
Fouiller sous les coussins du canapé et sous les meubles
Purger les vieux magazines / journaux entassés
Faire le tri des DVD, CD, cassettes vidéo (donner celles que les enfants ne regardent plus)

Inscrivez ces missions dans votre classeur **Home GPS** à la rubrique ménage.

5

Les enfants, on range

Si vous avez des enfants à la maison, il y a fort à parier que vous avez dit au moins une fois cette semaine : « Va ranger ta chambre ! » (avec plus ou moins bonne conscience, d'ailleurs).

Le désordre de l'enfant, hérédité ou fatalité ?

On peut se dire : « Je ne suis pas ordonné, mon enfant ne le sera pas non plus ! » Faux, ce n'est pas héréditaire, même si l'exemple influence les enfants !
En réalité, l'ordre n'est pas inné, c'est une compétence acquise. De plus, il n'y a pas d'intégration de la notion d'ordre avant l'âge de six ans.

À savoir

Avant deux ans, l'enfant n'a aucune notion d'ordre : il prend, il laisse tomber, il prend autre chose.
Entre deux et trois ans, c'est le stade du refus, mais on peut commencer à associer l'enfant au rangement : prends ton ours et pose-le dans cette boîte.
Entre trois et quatre ans : il range pour faire plaisir aux parents, pour ordonner le monde, prendre la maîtrise de ce qui l'entoure ; ranger est rassurant (cela peut dériver sur la « maniaquerie » : les rituels sont courants à cet âge).
Après cinq ans l'univers s'organise, l'ordre est déjà une notion appliquée à l'école. C'est l'âge à partir duquel on peut escompter un rangement coopératif de l'enfant.
Il arrive un âge où garçons et filles tirent un bénéfice du rangement : retrouver ses jouets, ses vêtements, son travail scolaire.
(Emmanuelle Rigon, *Le Désordre*, Bayard éditions.)

POUR « QUOI » AIDER L'ENFANT À DOMINER SON DÉSORDRE ?

Il est clairement plus agréable d'avoir des enfants qui rangent d'eux-mêmes, plutôt que d'être constamment sur leur dos ou de faire à leur place. Mais il est aussi important de s'interroger sur la finalité de nos demandes.
D'un enfant jeune, on n'attend pas tant de l'ordre (qui requiert des facultés de structure et d'organisation) que du rangement (matériel).

Par souci éducatif
L'ordre extérieur leur permet peu à peu d'établir un ordre intérieur : le rangement et le tri font appel à des notions qui aident l'enfant à se structurer.
En effet, ranger suppose de :

- suivre une méthodologie (les poupées ensemble),
- organiser l'espace (dans cette boîte...),
- vivre une chronologie (le soir avant de se coucher...).

Enfin, une chambre rangée favorise un cadre propice au travail.
Cette rigueur les aide à devenir exigeants avec eux-mêmes pour être capables ensuite d'obtenir le meilleur d'eux-mêmes.

Pour mieux vivre en société
L'ordre permet d'apprendre à respecter les règles et les autres.
Il apporte sérénité et calme à la vie familiale.
Il apprend le respect pour la valeur des objets.

Pour assurer l'autonomie et la sécurité
Apprendre à être ordonnés prépare les enfants à être autonomes : ils préparent seuls leurs affaires et pourront facilement vivre seuls (leurs conjoints ou colocataires vous en remercieront plus tard !).
L'ordre que chaque enfant instaure dans « sa » pièce lui permet de se constituer son domaine et ses propres règles.
Ranger évite chutes et blessures.

« *Un beau désordre est un effet de l'art* » (disait Boileau).
Certes, mais il est aussi utile d'apprendre à canaliser une grande créativité.

Les vraies fausses bonnes raisons des parents

... pour excuser le désordre des enfants...
• Ils sont trop petits/trop grands.
• Ils sont deux ou plus dans la même chambre.
• La maison est trop petite.
• Ils ont trop de choses/de jouets.
• Je suis désorganisé moi-même (peut-on décemment demander aux enfants de ranger leur chambre quand on voit l'état du salon ou de la cuisine ?).
• On ne peut pas se battre toute la journée, c'est un éternel recommencement.
• Que faire des collections, des cadeaux reçus (cadeaux d'anniversaire), des dessins et œuvres d'art rapportés de l'école ?
• Ca demande du temps.
• On ne peut pas être au four et au moulin (ranger avec eux et préparer le dîner...).

Comment faire pour aider les enfants à ranger

L'ordre n'a pas la même signification pour l'adulte et l'enfant : les peluches en rang sur le lit sont importantes pour lui, mais pas les feutres ouverts sur la moquette !
Ce qui est insupportable à un endroit (espace interdit tel que le bureau ou la chambre des parents) peut être toléré temporairement à un autre endroit (salle à manger) et devenir désordre s'il n'est pas éliminé (jeu à l'heure du dîner). Le même jeu dans la chambre de l'enfant n'est pas du désordre.
Mettez-vous dans la peau de votre enfant (ou souvenez-vous de votre enfance !).
Les remarques des parents provoquent chez l'enfant des sentiments variés :
• Je dois arrêter de jouer (ce qui me plaît) pour faire ce qui plaît à mes parents.
• Je ne sais pas par où commencer, ranger me semble insurmontable.

• Avant le dîner, je n'ai pas envie, j'ai faim.
• De toute façon, c'est jamais assez bien rangé pour les parents...

Quelques astuces

Quelques astuces pour accompagner l'enfant dans cet apprentissage.
Soyez positif : félicitez et encouragez avant de fixer un nouvel objectif.
Ne projetez pas votre perfectionnisme sur vos enfants : fixez des règles sans être trop strict et contraignant
Choisissez un bon moment pour ranger (pas avant le dîner – la majorité des disputes familiales ont lieu dans les trente minutes qui précèdent les repas)
Donnez des consignes claires et précises (range les Lego/ramasse les vêtements, plutôt que « range ta chambre »)
Demandez quelque chose de **réaliste et pas trop long**.

Vous pouvez aider vos enfants de plusieurs façons.

Mieux vaut prévenir que guérir

Installez-leur une chambre facile à ranger.
Placez des rangements à leur portée pour les livres, jouets, vêtements : bacs empilables, caisses, boîtes à roulettes...
Évitez si possible de stocker vos propres affaires dans leurs chambres.
Mettez des étiquettes (dessins pour les plus petits) sur les étagères et les caisses : ils sauront ainsi visuellement où ranger.
Faites une caisse/classeur avec les plus beaux dessins ou meilleurs devoirs de chaque année – cela permettra d'éliminer les autres.
Avant d'offrir un cadeau, évaluez son coût complet : prix d'achat + le coût d'entretien (difficulté de conserver des dizaines de petites pièces) + le coût de stockage (taille du château ou circuit assemblé).
Jusqu'à un certain âge, donnez les jouets à la demande ou proposez pour éviter que tout soit sorti en même temps.
Faites comme dans les ludothèques – rempla-

cez les boîtes encombrantes des jeux de société par des boîtes plastiques pour les petites pièces et la règle, et empilez les plateaux.

Faire ensemble et fixer les règles de base

Rangez avec eux (je m'occupe du train et toi des voitures). Accompagner l'enfant permet d'éviter un rapport de force ou une confrontation.
Cela l'aide à acquérir des méthodes : l'intelligence du rangement (si tu ne mets pas les jouets les plus gros en premier dans la caisse, ils ne rentreront pas ensuite).
Faites attention à ce que votre vision du « rangement » ne devienne pas un point de cristallisation dans les relations avec vos enfants.

Faire Faire

Comme nous, les enfants ont besoin d'objectifs courts et stimulants. L'avantage pour eux est l'imaginaire. Il est facile d'associer l'ordre au jeu. Reprenez les astuces qui marchent pour vous !

Les « astuces-jeux »
Cinq minutes top chrono
Passe cinq minutes après le goûter pour ramasser ce que tu as laissé dans les pièces communes, ce qui traîne par terre, pour accrocher les vêtements...

« le Poubelle-athlon »
Trouve dix objets à jeter ou donner en moins de cinq minutes. Tout compte (vieux dessins, feutres secs, jouets cassés, papiers, poubelle à vider...). Pense aussi à vider ton cartable et ta trousse !

Diviser sa chambre en zones et faire un planning d'entretien
Chaque mois comporte quatre semaines pleines. À chaque semaine correspond une zone de sa chambre où il va effectuer une « mission » (cinq à dix minutes maxi).
Tous les mois il repassera dans la même zone. Cette

méthode permet d'éliminer le désordre progressivement – par petites missions – et de ne plus se retrouver totalement débordé.

Zone 1 : le bureau/table de travail
La semaine du bureau, trier ce qui est sur le bureau, faire un tiroir par jour...
Zone 2 : la bibliothèque – une étagère par jour pour redresser les livres et retrouver les égarés de la bibliothèque !
Zone 3 : le lit (dessus, dessous) et le sol.
Zone 4 : les vêtements (penderie/commode).

Passez un contrat de rangement hebdomadaire
• Posez des conditions : si tu ne ranges pas avant le jour du ménage, tu devras le faire de toute façon et en plus c'est toi qui devras passer l'aspirateur, etc.
• Indexez l'argent de poche sur la réalisation minimale.
• Instituez une « buy-back bin » (une caisse qui contient tous les objets confisqués à « racheter »). Vous confisquez tout ce qui traîne (après deux avertissements) et leur donnez la possibilité de le « racheter » en rendant un service supplémentaire ou sur leur argent de poche.

Cohabiter avec ses ados

Après avoir dépassé le stade où ils imitent les parents et veulent bien leur faire plaisir, les enfants arrivent à la période particulièrement épineuse en matière d'ordre : l'adolescence.
Que faire ? **PATIENCE** !

« Ce désordre matériel correspond à une nécessité qui, à cet âge, est presque vitale : l'adolescent doit désordonner le système familial pour trouver son propre chemin et devenir autonome. » (Maryse Vaillant, psychologue clinicienne.)

C'est le moment de déterminer quelques limites nécessaires pour le reste de la famille... et pour l'adolescent lui-même :

• Fixez quelques règles et laissez-leur le temps de réagir :
– D'accord pour le désordre dans ta chambre, mais pas dans le reste de la maison.
– Le désordre, d'accord, mais pas le manque d'hygiène.
– Laissez-leur faire le ménage de leur chambre (aérez seulement et changez les draps).
– Éventuellement, proposez un coup de main.
• Et surtout... gardez le sens de l'humour !

En adaptant vos demandes à l'âge et au rythme de vos enfants, en réfléchissant à votre objectif et aux priorités, vous avez toutes les chances de parvenir à l'acquisition d'une vraie notion d'ordre, celle qui donne l'instrument de l'autonomie, de la confiance en soi tout en ayant l'esprit tranquille.

6

La cuisine au quotidien

« Il n'y a rien de plus éphémère que la cuisine ? C'est vrai, répond Alain Ducasse, grand chef de cuisine, mais ce qui en revanche est indélébile, c'est le souvenir du plaisir que les gens ont eu en dînant à notre table. Nous sommes des marchands de bonheur, c'est pourquoi nous nous devons de cultiver l'excellence. »
Si vous ne vous sentez pas capable d'atteindre ces sommets, vous pouvez au moins arriver à ce que la cuisine ne soit plus un stress quotidien, ou le geste machinal d'ouvrir le frigo pour y trouver... un yaourt périmé !

La cuisine est l'âme de la maison, la pièce « à vivre », elle est donc souvent encombrée d'objets qui n'y ont pas forcément leur place (du moins de façon définitive).
Il vous faut déposer des plats, trouver des ustensiles et nettoyer facilement.
Pour votre sérénité en cuisine : dégagez les espaces et les placards.

Une cuisine fonctionnelle

Éliminez tout ce qui n'a rien à faire dans la pièce :
– ce qui est périmé (aliments, produits),
– ce qui est ébréché, tordu (fourchette édentée),
– les boîtes en plastique « orphelines » (boîtes sans couvercle et inversement),
– ce qui est en trop : monceau de sacs plastique, de boîtes de glace vides « au cas où »,
– ce qui est en double ou triple (vieille écumoire cabossée héritée de la cuisine de grand-maman alors qu'on en a une formidable, toute neuve).

Rangez par zone, un tiroir à la fois, voire quinze minutes par jour selon la méthode des petits pas.

La fiche technique 1 vous donne une liste du matériel minimum pour cuisiner habituellement. Le reste, l'accessoire, le superflu... **éliminez** !

Organisez l'espace selon votre vie quotidienne :
Pour réaliser votre travail avec un maximum d'efficacité, dégagez les deux tiers des surfaces de travail.
Ce qui s'utilise ensemble se range ensemble (rouleau à pâtisserie et moules à gâteaux).
Gardez à portée de main ce qui vous est utile tout le temps, rangé par catégorie :
– le matériel de coupe, préparation (couteaux, planche, ciseaux...),
– le matériel de cuisson (casseroles...),
– les ustensiles de pâtisserie,
– installez sur le plan de travail, près des plaques de cuis-

son, un dessous-de-plat (carreau de terre cuite ou planche en bois) pour poser casseroles et plats chauds.

Si les enfants travaillent ou jouent avec la pâte à modeler sur la table de la cuisine, pourquoi ne pas prévoir dans la pièce un tiroir « exprès pour » ?

Voici **quelques idées** pour utiliser au mieux l'espace de rangement dans la cuisine :
• étagères : vous pouvez poser des crochets en dessous pour y suspendre divers ustensiles,
• installez une étagère étroite (10 cm de profondeur suffisent) près des plaques de cuisson pour les épices,
• installez une barre pour accrocher vos ustensiles : louche, écumoire, fouet,
• vous avez un mur vide au-dessus du radiateur : pourquoi ne pas y installer une grille pour suspendre des accessoires, des couvercles,
• l'espace coûte cher : utilisez dessertes et chariots pour économiser l'espace... et les transports (un petit chariot de légumes ou fruits).

Laure utilise un chariot pour tout le « nécessaire » du petit déjeuner de la famille : chocolat, café, thé, corn-flakes... tout est rangé au même endroit et il suffit de placer le chariot près de la table le matin, ce qui fait gagner du temps et de la place sur la table !

• prévoyez l'aménagement intérieur des placards (panier à pain, porte-bouteilles...), placards d'angle avec des étagères pivotantes,
• compartimentez les tiroirs pour y ranger les accessoires,
• prévoyez un pot pour cuillères et accessoires les plus utilisés, un bloc en bois pour les couteaux, hors de portée des enfants,
• rangez les placards par catégorie de produits : nécessaire pour petit déjeuner, conserves salées, produits sucrés,
• utilisez les portes intérieures des placards pour y scotcher recettes, infos utiles (ou un casier étroit porte-couvercles, ou un crochet pour suspendre votre planche à découper...),
• prévoyez un petit nécessaire de pharmacie : pommade

pour soulager les brûlures, désinfectant, pansements, antalgique léger... nul n'est à l'abri d'une coupure ou d'une brûlure en cuisine !

Impliquez la famille dans le rangement de la cuisine
Quand vous avez décidé ensemble ce qui est logique et utile à toute la famille, mobilisez chacun pour maintenir l'ordre !

Planifiez vos menus

« Dis, qu'est-ce qu'on mange aujourd'hui ? » Amélie est exaspérée, parce que cette petite question revient... tous les jours, parce qu'elle lui « prend la tête » dans les trajets, parfois même au travail, qu'elle doit essayer de trouver une idée de dernière minute (alors qu'à ce moment, elle a la tête encombrée de ce qui s'est passé au travail) et qu'elle doit courir à la supérette du coin de la rue où, bien sûr, il y a la queue à 19 heures.

Moins vous avez de temps pour les tâches de la maison, plus il faut les préparer à l'avance.

L'intérêt de réaliser un planning de menus simples n'est pas d'y consacrer une matinée (ni à y réfléchir ni à les faire en pratique), mais il sert à :
• équilibrer les repas en fonction des besoins de chacun,
• créer le facteur de surprise (toujours important pour la cuisine) – *Émilie se souvient : chez moi, c'était toutes les semaines lundi « restes » et mercredi « poulet-frites »* –,
• varier les présentations (présentez les tomates de plusieurs façons différentes ; les pommes de terre n'ont pas le même goût en purée ou sautées ; les œufs : pourquoi les faire toujours au plat ?) : vous n'aurez pas l'impression de toujours manger la même chose,
• gagner du temps au moment de faire les courses,
• encourager les « bonnes volontés » familiales à vous aider dans la préparation des repas.
Dans le planning de la semaine (voir chapitre 3), il est bon de prévoir *un petit moment pour penser aux menus de la semaine*, en fonction des activités, des invitations...

(quinze minutes peuvent suffire !). Vous notez sur votre planning du classeur **Home GPS** le moment choisi.

Quelques règles simples pour composer des menus

Faites un planning de menus par semaine
La fiche technique 2 peut vous servir de modèle.
Nous vous conseillons de vous aider d'un seul livre de cuisine ou revue à chaque fois que vous voulez réaliser vos menus de la semaine : vous risquez sinon de vous noyer dans les recettes et de perdre beaucoup de temps.

Isabelle a établi une liste des recettes préférées de toute la famille et elle les « programme » tout au long du mois.

Éliminez les livres ou revues de recettes compliquées
Trop d'ingrédients « particuliers », trop de temps de préparation, des ingrédients trop chers.
Ne gardez que les recettes qui ont bien réussi et ont été appréciées, et classez-les :
- tous les jours,
- « grands jours » et invités,
- plats salés et desserts,
- grands succès familiaux.

Ne gardez de toute façon que très peu de recettes « papier » ! Les sites web proposant des recettes de cuisine sont nombreux.

Méthode
Placez d'abord sur la grille les *plats principaux* de chaque jour, pour toute la semaine, en variant les viandes, poissons, œufs...
Cherchez l'*accompagnement* de légumes ou féculents.
Voyez ensuite si vous voulez mettre un *dessert*, ou des fruits. Puis choisissez l'*entrée* : vous pouvez laisser cette case vide, et l'adapter à la saison, au prix du marché et aux envies du jour !
Vous pouvez ensuite composer l'autre repas de la journée, qui sera plus léger et qui complétera le repas principal en apports alimentaires.

La fiche technique 3 propose des idées de dîners pour les enfants.

Avant de faire ses menus, Caroline vérifie ce qu'il y a dans le réfrigérateur et dans le congélateur, dans les placards, pour éviter de laisser perdre les aliments et ne pas racheter deux fois la même chose !

Pourquoi ensuite ne pas afficher le menu ainsi rédigé sur le frigo : chacun peut donner des idées (à noter pour les semaines suivantes !) et d'aucuns peuvent se lancer dans la préparation du repas (*si, si, c'est vrai, ça marche : Sabine en a fait l'expérience !*).

Soyez « zen » : faire ses menus est une aide, pas un carcan étouffant ! Cette grille établie reste « souple » et s'adapte à tous les changements qu'apporte la vie !

Composez votre liste de courses
Au fur et à mesure que vous choisissez vos menus, vous la remplirez, ce qui vous facilitera la tâche au moment de faire les courses.
Vous trouverez un exemple (fiche technique 4) que vous pourrez modifier selon votre organisation personnelle :
– soit par ordre des rayons dans votre grand magasin habituel,
– soit par ordre des produits dans votre placard (vous contrôlez rapidement ce qui manque et vous vérifiez en même temps les dates de péremption),
– et par type de produits habituellement utilisés par chacun (y compris les produits non alimentaires que vous achetez au supermarché tels que dentifrice, Javel ou lames de rasoir),
et vous l'imprimez chaque fois que vous avez utilisé la précédente pour aller faire les courses, ou, mieux, gardez quelques exemplaires vierges dans votre classeur « Home GPS ».

Affichez cette liste sur le frigo avec un crayon et expliquez à chacun qu'il faut cocher ce qui est terminé ou lorsqu'on entame le dernier paquet.

Faites les courses plus facilement

Les courses par Internet…

Vous hésitez, en raison des arguments suivants, que nous avons entendus dans nos stages : « Cela revient plus cher », « Je ne peux pas voir les produits », « Le choix est plus restreint », « Cela me prend beaucoup de temps » et « C'est compliqué »…
Au moment de faire un choix entre les courses à la grande surface ou par Internet, lisez cette petite étude.

Béatrice a calculé le poids moyen porté pour chaque « Caddie » de courses :
Sachant qu'en moyenne un chariot plein pour quatre personnes contient 30 kg de provisions (sans compter le lait et l'eau), elle manipule ce poids :
– une fois pour le mettre dans son chariot,
– une fois pour tout sortir à la caisse,
– une fois pour tout remettre dans le chariot,
– une fois pour mettre les provisions dans le coffre,
– une fois pour sortir du coffre,
– avec un peu de chance, encore une fois pour tout monter du garage à la cuisine,
– une fois pour tout ranger à sa place…
soit sept fois 30 kg : soit 210 kg à chaque Caddie…
Or vous savez bien que le dos souffre de ce traitement et qu'une séance de kiné coûte 35 euros, peut-être faut-il faire entrer cette donnée dans le prix moyen des courses par mois ou par an !

N'oubliez pas non plus dans votre calcul le coût des trajets en voiture, et votre coût horaire (le temps que vous passez chaque semaine à faire les courses) ! Tenez compte de ces paramètres au moment de faire votre choix.

Même si Internet est au début un peu compliqué, et si cela revient plus cher « au panier », le gain de temps et de fatigue à la longue nous semble largement compenser.
Qui veut voyager loin ménage sa monture
Perds, si tu veux gagner !

Voici quelques enseignes : Hourra.fr (produits Cora), Telemarket.fr, Ooshop.com (produits Carrefour), Auchandirect.fr

Achetez directement en magasin

Le service « livraisons » des magasins vous fait gagner du temps. Le montant de vos achats est vite atteint pour la livraison.

Vanessa a recours au service courses par Internet, au moins pour la base habituelle d'épicerie et de non-alimentaire, et réserve un moment chaque semaine pour les achats de produits frais.

Quelques astuces au moment de faire les courses

• Complétez la liste des courses en faisant un rapide tour d'horizon (ce qui n'est jamais écrit sur la liste et manque invariablement au retour… vous avez dit : papier toilette ?).
• Prévoyez un jour fixe pour faire vos courses : les quantités sont ainsi toujours les mêmes.
• Achetez plutôt pour dix jours que pour sept : cela vous permettra de faire face aux imprévus. Mais attention : calculez vos disponibilités de stockage qui ne sont pas extensibles !
• N'oubliez pas la liste, la carte de crédit, les sacs et boîtes de rangement pour la voiture : nous vous conseillons les caisses en plastique qui se replient – elles peuvent rester dans le coffre sans prendre de place et sont utiles pour tout type de produits – et un sac isotherme pour les surgelés.
• Choisissez le moment : évitez si possible les heures de pointe, partez après le repas ou emmenez un « en-cas » : si vous faites vos courses en ayant faim, vous achèterez plus que nécessaire et vous serez de très mauvaise humeur à la caisse !
• Habillez-vous confortablement si vous devez passer un

bon moment dans les magasins, en évitant d'avoir trop chaud.

• Prévoyez quel enfant vous emmenez (s'il va vous aider ou vous retarder) ou si vous pouvez le faire garder !

Rangez les courses dans la voiture de façon rationnelle : placez dans la caisse ou un sac solide les boissons, sans trop surcharger, car ce sera impossible à porter !
Mettez au fond ce qui n'est pas fragile, sur le dessus ce qui s'abîme et les produits surgelés (premiers rangés en arrivant).

Adriana ne range pas toutes les courses seule : une fois les produits surgelés et frais rangés, elle profite du retour de l'école pour que tout le monde donne un coup de main.

Pour ranger vos provisions dans vos placards, faites comme dans les supermarchés : ranger derrière ce qu'on vient d'acheter, replacer devant ce qui est plus ancien.

Organisez votre travail en cuisine

Dégagez l'espace pour bien travailler

Faites tourner le lave-vaisselle le soir et videz-le dès le matin. Chacun y placera son bol de petit déjeuner et vous pourrez y déposer les ustensiles de cuisine sales au fur et à mesure. Si vous partez au travail et qu'une employée vienne le matin, elle pourra effectuer ces mêmes opérations.
Évitez l'accumulation d'ustensiles sales !
En commençant à cuisiner, il est pratique de dégager l'évier pour y mettre la vaisselle sale.
Puis remplissez-le à moitié d'eau chaude savonneuse pour laver au fur et à mesure ce dont vous allez avoir de nouveau besoin ; vous évitez ainsi d'utiliser une montagne d'ustensiles et de vaisselle.
Prévoyez près de l'évier une lavette ou éponge pour maintenir votre plan de travail toujours propre.

Travaillez de manière ergonomique

• Organisez votre travail pour simplifier les mouvements et éviter la fatigue. Par exemple, utilisez la méthode des « tas » :
– d'un côté, placez ce qui est sale ou à préparer, au milieu ce qui est prêt à cuire, trancher, de l'autre côté, ce qui est propre ou prêt à consommer ;
– ou, quand vous débarrassez la table : enlevez d'abord la vaisselle sale, puis rangez tous les aliments qui vont au réfrigérateur, puis tout ce qui va dans le placard...
• Essayez de travailler assis au maximum (épluchage des légumes, garniture des plats...) : installez-vous commodément en plaçant un récipient pour les épluchures, et une bassine ou une passoire pour ce que vous allez ensuite laver ou préparer.
• Prévoyez les plans de travail adaptés à votre taille : les modèles standards sont posés entre 87 et 91 cm de hauteur.
• Prévoyez le matériel et les produits dont vous aurez besoin avant de commencer une recette : pour ne pas faire de pas inutiles, n'ouvrez pas trop souvent le frigo et le congélateur (ce qui perd de l'énergie et fatigue vos appareils ménagers).

D'une recette de cuisine à l'autre, les ingrédients ne sont pas présentés sous les mêmes unités.
Vous n'avez pas forcément une balance sous la main.
Pour remédier à ces inconvénients, la fiche technique 5 donne quelques équivalences de poids et de volume.

Gagnez du temps pour cuisiner

• Consultez votre menu la veille et sortez le cas échéant le poulet du congélateur : il va décongeler tranquillement au frigo la nuit et vous n'aurez plus qu'à le préparer le lendemain. Sinon, vous serez obligé d'attendre qu'il décongèle au micro-ondes...
• Commencez par ce qui demande le plus de temps à préparer ou à cuire (soupe, tarte...) : vous trouverez toujours le temps pour couper les tomates en rondelles de l'entrée...

• Avancez le matin le repas du soir pour n'avoir que les finitions ou réchauffages à faire le soir.

Hortense fait une matinée de cuisine, pour avancer un maximum de plats pour deux ou trois jours et n'avoir que des finitions au moment du repas.

Cette méthode nous semble intéressante pour ceux qui travaillent et ne peuvent consacrer que très peu de temps à cuisiner.

• Vous pouvez cuisiner « en gros » : en préparant des plats en plus grosses quantités, qui peuvent ensuite se congeler ou se servir à « géométrie variable ». Attention, dans ce cas, prévoyez votre espace de rangement au réfrigérateur ou au congélateur avant de vous lancer !

Voici quelques idées sur ce principe :
– Faites des plats « complets », comme le pot-au-feu, qui permet d'utiliser le lendemain un délicieux bouillon.
– Si un poulet cuit au four, pourquoi ne pas en faire cuire deux ou trois, et vous les congelez (poulet dont les restes peuvent garnir des bouchées ou faire une tarte)...
– Faites la soupe de légumes « en gros » et servez-la différemment : julienne le premier soir, consommé vermicelle le lendemain, et moulinée de légumes le troisième soir...
– Préparez la sauce vinaigrette en grande quantité, à laquelle vous ajoutez chaque jour une touche différente : herbes, épices...
– Nettoyez la salade pour plusieurs jours, en la conservant une fois essorée dans un torchon ou un récipient en plastique hermétiquement fermé.
– Si vous hachez de l'oignon ou de l'ail, faites-en une plus grande quantité, et congelez-en une partie, pour les jours « cuisine-minute ».

• Pour gagner du temps, utilisez des ingrédients déjà prêts :
– les pâtes toutes faites : brisée, sablée, feuilletée,
– les feuilles de « brick » comme des crêpes,
– des bases de sauces (briquettes ou déshydratées)...

Achetez des plats cuisinés si vous avez très peu de temps pour cuisiner. Dans ce cas :
– variez le choix de ces produits : frais, surgelés, en conserve ;
– utilisez une base de produits cuisinés en y apportant votre touche personnelle : par exemple, une salade toute prête, non assaisonnée, vous permettra d'y ajouter herbes, ou épices variées qui en changeront le goût ;
– employez des modes de cuisson qui font gagner du temps et sont meilleurs pour la santé :
• la cuisson à la vapeur préserve un maximum de goût et de qualités nutritives, en accélérant le temps de cuisson, ou en permettant une programmation (cuit-vapeur),
• griller et sauter à la poêle,
• les papillotes, au four, sont rapides à faire et gardent aux aliments toute leur saveur.

Ce qui peut se faire à l'avance et se congèle bien

Pizzas, quiches, tartes salées
Soupes
Purées de légumes (sauf la pomme de terre), compotes et purées de fruits
Cakes salés (ou gâteaux au yaourt...)
Viandes en sauce qui peuvent recuire : tajines, coq au vin, bourguignon...
Pâte à crêpes
Terrines de viande ou de poisson : les congeler crues et les cuire au moment de les consommer (pour les terrines de viandes, faites-les cuire deux jours avant de les déguster)
Pain, brioches...

L'entretien des appareils ménagers

N'oubliez pas que vos appareils ménagers sont des outils précieux ! ils durent plus longtemps si vous les « chouchoutez ».

Avant l'utilisation ou le nettoyage des appareils, il faut toujours lire la notice.

Le réfrigérateur

Conseils d'utilisation

• Respectez les températures et les niveaux de stockage des aliments dans le réfrigérateur :
– en haut (2 °C) : poissons crus, viandes crues,
– en dessous (4 °C) : plats cuisinés, lait cru, préparations à base de viande,
– 5 °C : œufs et produits lactés,
– en bas (8 °C) : compartiments séparés pour les légumes et fruits,
– contre-porte : beurre, fromages, boissons...

• Enlevez les cartons d'emballage des produits.
• Placez les briques (lait, jus de fruit) entamées dans la porte pour limiter les risques de renversement.
• Couvrez les aliments que vous stockez : sinon, ils prennent toutes les odeurs et dessèchent (investissez dans un lot de boîtes hermétiques bon marché).
• Vérifiez une fois par semaine les dates de péremption des aliments et tous les jours l'utilisation des restes.
• Ne chargez pas trop le réfrigérateur, pour permettre une bonne circulation d'air.
• Évitez d'entreposer des aliments trop chauds.
• Évitez d'ouvrir trop souvent ou trop longtemps la porte.

Nettoyage

• Débranchez l'appareil.
• Videz-le.
• Nettoyez-le avec une éponge et de l'eau vinaigrée (ou du bicarbonate de sodium) – étagères et parois.
• Rincez soigneusement et essuyez les parois.
• Nettoyez l'orifice d'évacuation d'eau (en général, il se trouve près du bac à légumes).

Astuces

Pour éliminer les odeurs dans le réfrigérateur, placez-y une petite boîte percée de trous contenant du bicarbonate de sodium. C'est efficace pendant plusieurs mois.

Dégivrez régulièrement la partie congélateur si nécessaire. Une fois par an, **s'il n'est pas encastré**, nettoyez la partie arrière de l'appareil (grille du compresseur) : débranchez l'appareil et brossez délicatement la grille.
Lors d'un départ prolongé, videz le réfrigérateur, débranchez-le, nettoyez-le et laissez la porte ouverte (pour éviter les moisissures et les mauvaises odeurs).

Le micro-ondes

Conseils d'utilisation
• Ne faites jamais fonctionner le micro-ondes à vide
• Faites cuire ou chauffer les aliments peu de temps et recommencez ensuite si nécessaire.

Nettoyage
• N'utilisez jamais d'éponge abrasive ou de produits abrasifs.
• Déposez un bol rempli d'eau vinaigrée (vinaigre blanc) ou additionnée de jus de citron dans le micro-ondes et faites-le chauffer deux minutes.
• Enlevez le bol et essuyez la vapeur qui s'est formée sur les parois et qui décolle les saletés.
• Nettoyez la carrosserie extérieure avec une éponge humide.

Le four

Four avec un revêtement en tôle émaillée
Passez régulièrement dans le four une éponge humide.
Pour un nettoyage approfondi, laissez tiédir le four. Vaporisez une mousse décapante.
Laissez agir dix minutes. Rincez soigneusement avec une vieille éponge.
Certains de ces fours sont dits « à pyrolyse » (consultez le mode d'emploi).
Un programme permet un cycle de nettoyage automatique, à 500 °C.
En fin de programme, lorsque la porte se déverrouille, laissez refroidir et passez une éponge humide sur les parois et la porte. (Faites ce programme la nuit, pour évi-

ter que les enfants s'approchent de la cuisinière à ce moment-là.)

Four dont les parois sont recouvertes d'un émail poreux
Maintenez le four vide, à 250 °C pendant dix minutes, laissez refroidir puis passez une éponge humide.
Pour ces revêtements, **n'utilisez jamais d'abrasif.**

Le lave-vaisselle

Conseils d'utilisation
• Enlevez le maximum de salissures avant de mettre la vaisselle dans l'appareil.
• Rangez la vaisselle dans les paniers selon la notice.
• Vérifiez le niveau de remplissage de produit de rinçage et de sel adoucissant.

Nettoyage
• Le filtre conique doit être vidé et nettoyé après chaque vaisselle.
• Le filtre tamis doit être brossé une fois par semaine.
• Les joints de porte doivent être nettoyés une fois par semaine avec une éponge savonneuse, puis rincés.
• De temps en temps, passez quelques gouttes de liquide de rinçage pour éviter qu'ils ne dessèchent.
• La cuve : une ou deux fois par an, faites un cycle à vide avec une bouteille de vinaigre blanc. Ne nettoyez jamais l'intérieur de la cuve à l'eau de Javel, qui ternit l'inox.
• Vérifiez que les gicleurs des bras de lavage ne sont pas bouchés.
• Lors d'un départ prolongé, faites un nettoyage à vide (ou au vinaigre blanc) et maintenez la porte ouverte (pour éviter les moisissures et les mauvaises odeurs).

La cafetière

• Remplissez le réservoir avec un mélange à parts égales d'eau et de vinaigre blanc.
• Laisser couler la moitié du réservoir.
• Attendez cinq minutes.
• Laissez couler l'eau jusqu'à la fin.
• Remplissez à nouveau le réservoir, avec de l'eau claire,

pour effectuer le rinçage. Laissez couler entièrement. Renouvelez le rinçage deux fois.

Même si vous n'avez que peu de temps et n'aimez pas cuisiner :
– c'est quand même agréable de s'entendre dire : « Hum, c'est bon, aujourd'hui »,
– c'est plus reposant d'arriver le soir et de n'avoir plus qu'à mettre la dernière touche au dîner, plutôt que de commencer, avec la fatigue de la journée, une guerre qui risque de mal finir...

Ce petit argument peut aussi vous encourager

Une étude réalisée par le CASA de l'Université de Colombie (Centro Nacional sobre adicciones y drogas) montre que les adolescents qui prennent au moins cinq repas par semaine en famille sont moins nombreux à avoir des conduites à risque, présentent moins de problèmes d'anxiété et obtiennent de meilleures notes que les jeunes qui ne prennent que deux repas en famille (ou moins).
Le repas familial contribue à prévenir les dépressions et les suicides, toujours selon cet organisme.

Les outils à insérer dans votre classeur « Home GPS » onglet cuisine
– planning de menus : fiche technique 2,
– liste de courses : fiche technique 3,
– idées pour les dîners des enfants : fiche technique 5.

Ce dont vous avez vraiment besoin pour cuisiner

Pour la cuisine

- 3 casseroles, de tailles différentes, en inox avec un fond renforcé (meilleure diffusion de la chaleur)
- 2 couvercles « universels »
- 1 faitout de 24 ou 26 cm de diamètre avec couvercle
- 1 sauteuse de 24 cm de diamètre (casserole large et plate)
- 1 cocotte-minute
- 2 poêles antiadhésives, une grande et une petite
- 1 passoire sur pieds (2 c'est mieux !)
- 1 passoire « fine » (en toile métallique)
- 2 plats à four en métal
- 2 plats à four en poterie « plats à gratin » (un grand et un petit)
- des petits ramequins en porcelaine à feu (un par personne !)
- 1 balance
- 1 planche à découper (au moins)
- 1 râpe (citron, fromage...)
- 2 ou 3 bols de préparation en plastique
- 2 ou 3 assiettes
- 1 ou 2 bols de cuisine

Pour la pâtisserie

- 1 rouleau à pâtisserie
- 1 plaque à pâtisserie
- quelques emporte-pièces
- 1 pinceau
- 1 poche à douille et quelques douilles
- moules à pâtisserie :
  - 1 moule à manqué
  - 1 moule à cake
  - 1 moule à savarin
  - 1 moule à tarte
  - quelques moules à petits gâteaux

Instruments

- 1 fouet à main
- 2 ou 3 cuillères en bois
- 1 louche
- 1 écumoire
- 1 presse-ail
- 1 paire de ciseaux
- 3 ou 4 couteaux de cuisine (dont au moins 2 à lame scie)
- 1 couteau économe (épluche-légumes)
- 1 grand couteau à viande
- 1 fourchette à rôti
- 1 grand couteau à lame scie (couteau à pain)
- 1 spatule en caoutchouc
- 1 spatule pour la poêle
- quelques cuillères à soupe, fourchettes et cuillères à café pour la cuisine
- 1 aiguise-couteau,
- 1 ouvre-boîte
- 1 ouvre-bouteille
- 1 essoreuse à salade
- 1 verre mesureur

Appareils électriques

- 1 robot (pour hacher, mixer, battre les pâtes)
- 1 fouet électrique
- 1 mixeur à soupe

- papier sulfurisé
- aluminium, film alimentaire
- papier absorbant

Planning de menus

	Petit déjeuner	Déjeuner	Dîner	Goûter ou autres collations
Lundi				
Mardi				
Mercredi				
Jeudi				
Vendredi				
Samedi				
Dimanche				

Liste de courses

Épicerie	Produits frais	Hygiène
sucre morceaux/poudre	**Viande-poisson**	rasoir/lames
farine blanche/complète	bœuf/veau	mousse à raser/après-rasage
maïzena/tapioca/levure	porc	shampooing enfants/adulte gel
fruits secs/confits	poulet/dinde/canard	savon/gel douche/bain moussant
arômes/colorants	saucisses merguez	cotons-tiges/coton hydrophile
chocolat noir/lait	lapin/agneau	déodorant homme/femme
confiseries	poisson/crustacés/ coquillages	protection solaire/lait après soleil
viennoiseries/brioches		dentifrice adulte/enfants
gâteaux à partager	**Charcuterie-traiteur**	brosses à dents/soin dentaire
choco/gâteaux individuels	jambon cuit/cru	mouchoirs boîte/paquet
café/chocolat/thé/infusion	lardons/boudin/saucisson	serviettes périodiques/ épilation
lait concentré/poudre	plats cuisinés	tampons/protège-slip
céréales adultes/enfants	pâte feuilletée/brisée/pizza	bébé : couches/lingettes/lait
confiture/miel/Nutella	pâtes fraîches/quenelles	
		Parapharmacie-cosméto
Liquides	**Beurre-œufs-crème**	produit lentilles/Vu
apéritifs/alcools forts	beurre doux/salé/allégé	pansements/antiseptiques
bières/cidre	crème pots/briques	maquillage/démaquillant
jus fruits/sodas	margarine	
eau minérale plate/gazeuse	œufs	**Entretien**
sirops		bloc chasse d'eau détartrant W.-C.
vin rosé/rouge/blanc	**Produits laitiers**	déboucheur canalisations
lait	fromage pâtes cuites	papier toilette/essuie-tout
	camembert/chèvre/brebis	lessive ordinaire/main/laine
Conserves	petits suisses fromage blanc	assouplissant
fruits au sirop/compotes	yaourts blancs/ aromatisés/0 %	lave-vaisselle lessive/sel/rinçage
tomates/haricots rouges	yaourts fruits	liquide vaisselle main/brosse
haricots verts/petits pois/ carottes	desserts	éponges/Scotch-Brite/gants ménage
maquereaux/anchois/saumon		nettoyant multi-usages/Javel
thon/crabe/crevettes sardines		crème à récurer/nettoyant four

Liste de courses

Conserves	**Fruits-légumes**	**Entretien**
	ail/oignons/échalotes/herbes	entretien sols/métaux/vitres
bouillons cubes/épices	salade/concombre/tomates	cire meubles/cirage
soupes instantanées	légumes verts	sacs aspirateur/ cartouche fer
chips/gâteaux apéritifs	autres légumes	sacs-poubelles petits/grands
cornichons	pommes de terre	
sel fin/gros/poivre	pommes/poires/bananes	**Divers**
purée	oranges/citrons	papier alu/cuisson/film plastique
riz/semoule/boulgour/pâtes	autres fruits	sacs congélation
sauce tomate		allume-gaz/bougies
mayonnaise/ketchup	**Surgelés**	vaisselle jetable
huile olive/autres	légumes	piles
vinaigre balsamique/autre	poissons/viandes	produits pour animaux
jus de citron flacon	plats cuisinés	matériel de bureau
moutarde grains/forte	glaces individuelles/bacs	bricolage
pois chiches/lentilles/ haricots	fruits	

Poids et équivalences

Poids moyen d'aliments à calculer par personne

Ingrédients	Poids par personne
Pâtes	60 g
Semoule	80 g
Riz	60 g
Pommes de terre	180 g
Frites	250 g
Légumes frais (à éplucher)	300 g
Choux, brocolis...	150 g
Lentilles, légumes secs	60 g
Viandes à griller	150 g
Viandes en sauce	180 g
Poissons en filets	140 g
Poissons entiers	200 g
Fruits	125 à 150 g

Poids moyen des quelques ingrédients de base

Ingrédients	Poids moyen
1 œuf	60 g
1 morceau de sucre	5 g
1 échalote	15 g
1 gousse d'ail	15 g
1 sachet de levure	11 g
1 sachet de sucre vanillé	8 g
1 pot de yaourt	125 g
1 noisette de beurre	15 g
1 pincée	3 à 5 g

Quantités moyennes dans un kilo

Ingrédients	Quantités
Pommes de terre	10/12
Carottes	12
Tomates	7/8
Oignons	12
Endives	8
Pommes	5/6
Oranges	4
Bananes	7/8

Poids et équivalences

Équivalences de poids et de volumes

Ingrédients	1 tasse à thé	1 cuillère à soupe rase	1 cuillère à café rase
Farine	100 g	10 g	3 g
Sucre	200 g	18 g	5 g
Riz	210 g	16 g	
Beurre	200 g	15 g	5 g
Cacao		10 g	3 g
Amandes, noisettes en poudre		10 g	6 g
Levure chimique		10 g	6 g
Huile		8 g	4 g
Moutarde		18 g	5 g
Sel fin		20 g	6 g
Maïzena		10 g	3 g

Équivalences des liquides

Contenant	Centilitre	Décilitre	Litre
1 grand bol	35	3,5	0,35
1 tasse à petit déjeuner	25	2,5	1/4
1 tasse à thé	12,5	1,25	1/8
1 tasse à café	0,7	n.s.	n.s.
1 verre à eau	25	2,5	1/4
1 verre à vin	20	2	0,2
1 verre à liqueur	3	n.s.	n.s.

n.s. : non significatif

Équivalences de chaleur (four électrique)

chaleur	°Celcius	Thermostat
Très doux	150 °	2
Doux	160 °	3
	180 °	4/5
Moyen	200 °	5/6
	220 °	6
Chaud	235 °	7
	270 °	8
Très chaud	280 °	9

Idées pour les dîners des enfants

À base d'œufs

- œufs en tomates : casser un œuf dans une tomate évidée
- œufs brouillés, aux croûtons, avec purée de poisson
- omelettes : jambon, fromage, champignons, croûtons, viande, pommes de terre, au riz, soufflée (blancs neige, crème)
- œufs pochés, gratinés
- croquettes aux œufs
- œufs en cocotte
- œufs chester : mollets, sur toasts et fromage
- œufs mollets, sur tartelette, sauce béarnaise ou sauce fromage
- œufs au bacon, au lard
- œufs aux fines herbes
- œufs sur poireaux et oignons revenus
- soufflés

À base de pâtes

Pâte brisée
- tarte à l'oignon, tarte aux poireaux
- tarte au fromage
- tarte à la moutarde
- tarte aux restes de viande
- tarte aux champignons
- tarte à la tomate, saucisses et œuf au plat
- chaussons farcis
- pissaladière
- flammenküche

Pâte feuilletée
- rissoles
- tourtes : fromage, jambon, moutarde, restes viandes, poisson, légumes

Pâte levée : pizzas

Pâte à choux
- gougère
- gnocchis à la parisienne
- choux garnis : fruits de mer, jambon

Beignets : poisson, cervelle, fromage, légumes

Crêpes : jambon, fromage, œuf, champignons, légumes

À base de charcuterie

- cervelas au gruyère entourés de lard

À base de féculents

Pomme de terre
- gratin dauphinois
- pommes de terre au four, farcies
- hachis Parmentier, viande hachée ou restes de viande
- gnocchis aux pommes de terre
- gratin de pommes de terre, tomates, poivrons, gouda

Pâtes
- raviolis, raviolis aux poireaux avec lard et oignons
- spaghettis bolognaise
- gratins : pâtes, jambon, olives, fromage, poisson

Semoule : gnocchis

Quenelles (du commerce)

- volaille, poisson avec sauce tomate ou béchamel

À base de pain

- croque-monsieur
- croque-madame (avec œuf au plat)
- croûte aux champignons
- pain perdu au jambon et fromage
- hamburger

À base de légumes

- légumes farcis : tomates, poivrons, courgettes, chou, concombre (au thon)
- gratins : endives au jambon, poireaux, courgettes aux pommes de terre, riz aux courgettes, chou-fleur gratiné

À base de viande

- bœuf mironton
- poulet Philippines : tomates, ananas, sauce soja, huile, vinaigre, sel

À base de poisson

- gratin de riz au poisson
- pain de thon
- tarte aux fruits de mer

Notes personnelles

7

Les petits plats dans les grands

J'veux pas d'visite
Parce que j'ai pas passé l'balai
Parce que j'ai pas d'liqueur au frais...
J'veux pas d'visite
Parce qu'la maison est à l'envers
Parce que j'suis pas bonne cuisinière...
Parce qu'la visite, quand ça finit par partir
Ça nous promet qu'ça va rev'nir...
...et ça revient ! **(Linda Lemay)**

Vous vous retrouvez peut-être dans ces quelques paroles...

Que ce soit pour les grandes occasions ou bien en toute simplicité, lancez-vous ! En prenant les éléments un par un, ce n'est pas si compliqué ! Il suffit de s'organiser.

Les invitations

Pour votre famille ou des amis proches, vous pouvez appeler la veille en leur proposant une « raclette-partie » pour le lendemain.
Cependant, certains dîners demandent un peu plus de préparation. Ce sont ceux qui peuvent vous « crisper » un peu et sur lesquels nous allons nous pencher !
Tout le monde a beaucoup de choses à faire et... « s'organise » à l'avance !
Une bonne moyenne est de lancer vos invitations environ quinze jours à trois semaines à l'avance : téléphone, e-mail, ou carton d'invitation, l'essentiel est d'avoir des réponses assez rapidement !

Pour les perfectionnistes

Dans votre classeur « **Home GPS** », vous pouvez noter la liste des personnes précédemment invitées ensemble.
Cela vous évitera de réinviter les mêmes (XP brouillé avec FG) ou, si vous invitez les H., vous savez qu'il convient de faire signe à votre cousin ou à votre belle-sœur pour « alléger » l'ambiance !

Le choix du menu

Il est prudent – si vous recevez beaucoup – de noter dans votre classeur « **home GPS** » le menu que vous avez déjà fait pour les « Tartempion ». Sinon, ils risquent de se dire : « Ah ! les Pommier nous invitent, nous allons avoir **LE** poulet au citron... »
Vous ne vous souvenez pas de ce que vous avez servi, mais vos invités, eux, ne l'oublient pas !
Notez aussi les allergies ou les régimes particuliers que vous pouvez connaître.

Aurélie (secrétaire, 2 enfants) a trouvé une formule qui peut vous plaire : « Je choisis un menu par saison, et à chaque fois que j'invite, je fais ces recettes... »

Il n'y a que votre conjoint qui risque à la fin de la saison d'aller se faire inviter ailleurs le jour du prochain dîner ! Évitez d'essayer de nouvelles recettes le jour où vous recevez quelqu'un d'important... sauf si vous avez la main sûre et que « c'est toujours plus réussi la première fois que les suivantes »...

Prévoyez des plats qui peuvent se faire à l'avance. Par exemple :
– terrines, pâtés,
– plats en sauce (blanquette, daubes...),
– entrées individuelles (mousses),
– charlottes,
– tiramisu...

Soyez gentils avec vos invités, évitez les plats délicats à manger : spaghettis, fruits de mer, abats, œufs à la coque...

Quelles quantités calculer ?

Dans le chapitre « **La cuisine au quotidien** », nous vous donnons un tableau des quantités à prévoir par personne.
En ce qui concerne le **pain**, prévoyez une baguette pour quatre personnes.

Pour le **vin**, calculez une bouteille pour deux personnes si vous servez le même vin pour tout le repas. N'oubliez pas de prévoir des carafes ou jolies bouteilles d'eau plate et gazeuse.

Quelques idées pour votre table

La décoration

On commence le repas par le régal des yeux !
Vos invités se sentent déjà accueillis par une table « dressée » avec... astuce et petit budget.
Choisissez nappe, serviettes et décor, bougies ou fleurs en fonction :
– d'un thème (Noël, anniversaire...),
– du menu (exotique, campagnard),
– des couleurs de la saison.
Abusez des « jetables » : vous n'aurez pas de lessive à faire ensuite, et le choix est très vaste.

Utilisez des objets de décoration que vous avez chez vous pour décorer votre table.
Si vous préférez sortir la nappe blanche damassée de Bonne-maman, assurez-vous quelques jours avant le repas qu'elle est propre et bien repassée : c'est toujours quand on en a besoin que l'on y découvre de méchantes taches jaunâtres...
Pour agrémenter votre décor, un petit pliage simple des serviettes fera beaucoup d'effet (en fin de chapitre, nous vous conseillons quelques livres sur ce thème).

Les fleurs

Vous préférez compter sur les fleurs que vous offriront vos invités !
Dans ce cas, préparez à la cuisine un ou deux vases, de tailles différentes, pour mettre rapidement en valeur le geste de vos invités.
Si vous voulez mettre une touche florale sur votre table : votre centre de table ne doit pas dépasser une hauteur de 30 cm, pour établir une conversation avec vos convives d'en face !
Pour en savoir plus sur l'art du couvert, nous vous proposons un schéma « aide-mémoire » très, très complet ! vous le simplifierez, selon votre menu !

1. Fourchette à dessert pour l'entrée froide
2. Fourchette à poisson pour l'entrée chaude
3. Fourchette pour le plat principal
4. Couteau pour le plat principal
5. Couteau à poisson pour l'entrée chaude
6. Cuillère à soupe pour le potage
7. Couteau à dessert pour l'entrée froide
8. Couteau pour le dessert
9. Cuillère pour le dessert
10. Verre à eau
11. Verre à vin rouge
12. Verre à vin blanc

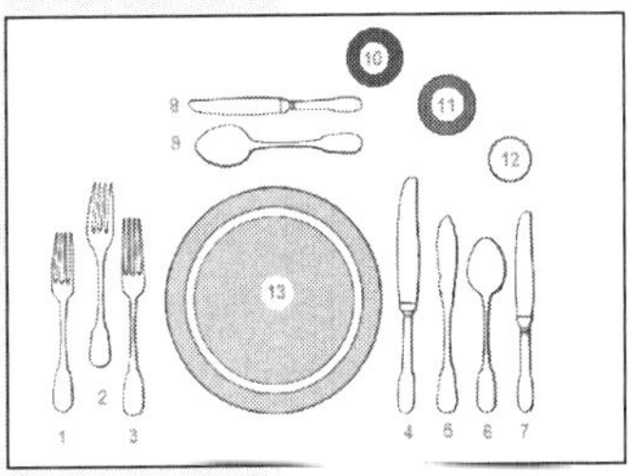

Pour compléter, la serviette peut se placer sur l'assiette ou à droite, et le portable, dans la poche, en mode vibreur !!!

Quelques conseils pour le « timing »

J – 15
Lancez vos invitations.
Choisissez le style de repas et le menu.

J – 10
Achetez les boissons, l'épicerie, les surgelés et tout ce qu'il vous faudra pour la décoration.
Passez les commandes : gâteaux, pains surprises...

J – 5
Mettez de côté (ou au moins vérifiez) la vaisselle, les couverts, les verres, nappes...
Prévoyez quand préparer chaque plat.
Préparez votre plan de table.

J – 2
Grand ménage du séjour et des toilettes (à faire, ou à faire faire) !
Videz la penderie où vous mettrez les manteaux de vos invités.
Achetez vos produits frais et passez chercher ce qui est commandé.

J – 1
Préparez le dîner des enfants et prévoyez l'heure de leur repas.
Préparez les plats qui peuvent être cuisinés.
Si vous pouvez, mettez le couvert.
Choisissez votre tenue pour le lendemain.

J – quelques heures
Préparez les plats et couverts de service, les assiettes à dessert, corbeilles de pain et carafes d'eau...
Pensez à préparer l'apéritif et un plateau pour les cafés et les infusions (préparez les glaçons à l'avance et stockez-les dans de petits sacs en plastique).
Avant l'arrivée des invités, il est préférable que la cuisine soit rangée, le lave-vaisselle vidé, les plats tenus au chaud...

Et h – 45 minutes
Réservez-vous au moins une demi-heure pour vous préparer !
Prenez le temps de souffler, de vous faire belle ! et gardez le sourire.

PENDANT LE REPAS

Tout l'art consiste à servir les plats ni trop vite, pour que les invités n'aient pas l'impression que le TGV de 21 heures est en route vers Strasbourg... ni trop lentement, ce qui coupe au mieux l'appétit, au pire les conversations !

Le plat est en principe présenté en premier à la personne invitée « d'honneur » ou, selon certaines traditions régionales, à la maîtresse de maison... puis c'est selon le niveau protocolaire du repas...
Ils peuvent très simplement passer de l'un à l'autre.
Le plat est présenté à gauche, le vin à droite...

Si vous recevez des invités, c'est pour être avec eux pendant la soirée, pas dans la cuisine !
Dans les « coulisses » : « *Une vaisselle bien préparée est à moitié faite.* » *(Françoise – très bonne hôtesse.)*
Vous n'allez pas tout ranger à 2 heures du matin ; mais faites le minimum pour éviter les « lendemains qui déchantent ».
Si vous en avez le courage, lancez le lave-vaisselle, sinon, empilez les assiettes sales et les couverts[1] dans l'évier rempli d'eau tiède savonneuse, et oubliez-les !
Rangez les restes périssables au réfrigérateur.

Organisez un buffet

Au-delà de dix personnes, choisissez la formule « buffet », pour vous simplifier la vie et pour résoudre les problèmes d'espace !

1. Procédez différemment si votre service est très fragile.

Disposez le décor
Préparez une grande table (ou un plateau sur tréteaux) recouverte d'une grande nappe blanche (ou d'un grand tissu du coloris de votre choix, acheté au mètre) dans un endroit facile d'accès, en général contre un mur.
Vous y disposerez assiettes, plats, avec le décor choisi selon la circonstance. C'est ce qui va créer l'ambiance de votre réception.
Installez une deuxième table pour les boissons et gobelets – vous éviterez les embouteillages !

Prévoyez des sièges pour chacun, il est désagréable de jouer aux « chaises musicales » pendant tout le repas !
Les conversations seront également plus faciles et agréables si l'on peut changer de place aisément.
Multipliez les endroits où chacun pourra déposer verre ou assiette.

Le menu
Composez-le selon le thème du repas, la saison, la personne spécialement mise à l'honneur...

Si vous choisissez la formule **repas avec des petites « bouchées »**, calculez les quantités suivantes par personne adulte :
– 5 canapés salés, ou équivalents,
– 5 mini-tartelettes,
– 3 pièces sur bâtonnet,
– 5 petits fours.

À vous de juger ensuite de l'appétit de vos convives et de la durée de la réception !
Prévoyez plus de crudités si certains invités sont végétariens.

Pour une formule « buffet », prévoir pour douze adultes :
– 1 ou 2 amuse-bouches par personne,
– 3 entrées,
– 2 plats principaux (terrines, viande coupée...),
– 2 ou 3 salades,
– 2 desserts.

Pour vingt-cinq personnes, calculez :
– 30 amuse-bouches,
– 4 entrées,
– 4 plats principaux,
– 5 salades,
– 4 desserts.

N'hésitez pas à acheter des « petites pièces » surgelées, certaines marques sont savoureuses sans être trop onéreuses.
Renseignez-vous à l'avance si vous préférez faire appel à un traiteur.

Placez sur la table des pains variés (qui font partie du décor, dans des paniers et corbeilles originaux tirés de votre quotidien : porte-couverts en bois – avec une serviette nouée sur l'anse – panier à salade en fil de fer de nos grands-mères, panier « vapeur » chinois, porte-bouteilles en métal – chaque « casier » étant garni de papier de soie...).

Le plateau à fromages est important dans notre pays !
Il se compose traditionnellement d'au moins quatre fromages :
– un fromage doux (chaource, reblochon, saint-paulin),
– un fromage « typé » : camembert, pont-l'évêque, cendré...),
– un fromage fort (roquefort, maroilles, munster...),
– un fromage à pâte cuite (emmental, beaufort, comté...).
Prévoyez sur le plateau du beurre (salé ou non !) et pourquoi pas du cumin !

Calculez une bouteille de vin pour deux adultes. Prévoyez large, quitte à en avoir trop !

Lorsque vous recevez, ne vous gâchez pas la soirée : rien n'est dramatique, même si tout n'est pas exactement comme vous l'auriez rêvé !
L'essentiel est que les gens se sentent bien chez vous et... qu'ils aient envie de revenir !

8

Briquez votre intérieur

Vous avez envie de vous retrouver dans un intérieur agréable à vivre, un vrai « cocon », mais vous refusez de passer votre vie un torchon de ménage à la main !
C'est vrai, Cendrillon a toujours eu un rôle ingrat... et, justement, parce que vous ne voulez pas être comme elle, un coup de chiffon magique, des techniques modernes, pratiques, et quelques trucs et astuces vont vous permettre de garder votre « chez-vous » en bonne santé, pour le bien-être de tous !

Le temps passé pour le ménage

Comme les personnes, les maisons tombent malades si on les néglige...
La poussière chargée de pollution est un facteur d'allergies respiratoires : les acariens sont transportés dans les particules de poussière.
Il ne s'agit pas de tout nettoyer à fond tous les jours, mais de maintenir la maison en ordre et propre, en faisant un peu régulièrement, plutôt que toute la maison à fond une fois par an.
Nettoyer régulièrement prend moins de temps que de frotter longtemps quelque chose de très sale.

Le temps passé pour l'entretien de votre intérieur dépend de plusieurs facteurs.
Commencez par faire « le tour du propriétaire » et inscrivez pour chaque pièce :
- ce qu'il y a à faire (meubles, bibelots, sol...),
- quelle fréquence vous choisissez (voir la fiche technique 1).

C'est à vous de la modifier, selon vos priorités personnelles et le temps dont vous disposez.

Combien de temps faut-il prévoir approximativement pour chaque pièce, occupée normalement ?

Attention
Ranger ne fait pas partie du ménage à proprement parler.

Sinon, comptez un tiers de temps en plus.

Voici, à titre indicatif, le temps que vous pouvez compter par semaine, pour entretenir un quatre pièces.

S'il s'agit d'un entretien « rapide »

Pièce	Durée	Nombre	Durée totale
Chambre	15 mn	2	30 mn
Séjour	20 mn		20 mn
Bureau	10 mn		10 mn
Salle de bains	15 mn		15 mn
Toilettes (si pièce à part)	10 mn	2	20 mn
Cuisine	30 mn		30 mn

Total 1 h 45.

Pour un entretien plus approfondi, voici une estimation

Pièce	Durée	Nombre	Durée totale
Chambre	30 mn	2	60 mn
Séjour	30 mn		30 mn
Bureau	15 mn		15 mn
Salle de bains	30 mn		30 mn
Toilettes (si pièce à part)	10 mn	2	20 mn
Cuisine	45 mn		45 mn

Soit un total de 3 h 30 environ.

Vous pouvez utiliser ce calcul pour estimer le temps de travail nécessaire à une employée familiale qui fait le ménage chez vous.
Le temps passé pour le ménage dépend aussi du nombre de personnes qui nettoient ou rangent !
- Vous faites seul le ménage une fois par semaine.
- Une employée familiale fait tout ou partie de l'entretien.
- Vous vous y mettez en famille le samedi matin (ou un autre jour !).
- Vous en faites un peu et votre conjoint et les enfants font chacun quelque chose.

L'avis du spécialiste

« Nous devrions être plus réalistes et nous rendre compte du tort que nous causons aux enfants si nous ne leur donnons aucune responsabilité dans la maison. C'est comme si nos enfants vivaient dans un autre monde, et qu'ils n'étaient pas concernés par « l'entreprise » de la vie. »
(Prudence Leith, directrice de Leith School of Food and Wine à Londres.)

Nos stagiaires ont constaté qu'en faisant appel à une aide extérieure deux heures par semaine pour l'entretien courant, elles gagnaient en réalité une demi-journée de travail.
Est-ce que votre employée passe la serpillière deux fois plus vite que vous ? Non, mais chez vous, vous trouvez toujours, en plus du ménage, un rangement à faire, le téléphone sonne...
Impliquez aussi les enfants dans l'entretien de la maison.

Ce qu'un enfant peut faire :

3-5 ans	Mettre le linge sale dans le panier Trier les chaussettes par paires Ranger les jeux du bain
6 ans	Faire son lit Rincer la baignoire après le bain, ranger sa serviette
7 ans	Sortir la poubelle
8 ans	Trier son linge sale Passer l'aspirateur ou le balai Ranger sa chambre, en lui apprenant
11 ans	Ramasser les feuilles mortes dans le jardin Laver le lavabo
13 ans	Passer la serpillière...

Qu'appelle-t-on ménage ?

Au quotidien

• Cuisine : faites la vaisselle, nettoyez les plans de travail et balayez.
• Salle de bains : mettez une lavette microfibre près de la douche ou sous le lavabo ; rincez ces éléments après chaque usage et essuyez-les avec la lavette. Le soir, en vous brossant les dents, passez la lavette sur le miroir...
• Avant de sortir de la douche, passez un coup de raclette sur les parois, afin d'éviter la formation de calcaire due à l'eau qui sèche.
• Aérez les pièces tous les jours, ouvrez les lits et refaites-les (les enfants font le leur !).

• Dépoussiérez rapidement, surtout les surfaces les plus visibles !
• Sols : utilisez le balai plat (voir matériel de ménage) ou l'aspirateur pour les endroits les plus sales.

SOS Urgence

Vous recevez à dîner et vous n'avez pas eu le temps de faire un grand ménage.
Surtout restez calme : en trois étapes et trente minutes, vous aurez arrangé la situation !
• Mettez en ordre l'entrée, le salon et la salle à manger :
– prenez un grand panier et mettez-y tout ce qui n'a pas sa place dans ces pièces ; déposez-le ensuite dans un endroit discret ;
– dépoussiérez surtout les surfaces polies (dessus de table, de commode) de ces pièces ;
– videz vases de fleurs fanées, cendriers ;
– regonflez les coussins des canapés, brossez les poils de chat, les cheveux ;
– redressez le tapis, remettez les rideaux en place, vérifiez les lampes.
• Nettoyez la salle de bains : les W.-C. (c'est un peu la « carte de visite » de la maison), le lavabo, et laissez du savon et une serviette propre.
• Un coup de désodorisant si nécessaire.
Et le tour est joué !

L'entretien plus approfondi

La fiche technique 1 propose une « **fréquence moyenne de nettoyage** » pour que votre « home » reste « sweet » sans passer votre journée un plumeau à la main !

Employez la **méthode des petits pas** : travaillez par étapes. Chaque mois comporte quatre semaines et quelques jours. Divisez votre maison en zones ; à chaque semaine correspond une zone où vous allez « travailler » plus spécialement.
Cette méthode permet d'éliminer définitivement le syndrome du grand ménage de printemps.

Pour composer un planning d'entretien approfondi adapté à votre logement, prenez :
• votre planning hebdomadaire ou mensuel, en déterminant le temps que vous allez passer pour ce nettoyage ;
• le tableau des fréquences de nettoyage, pour voir ce qui n'a pas été fait depuis longtemps ;
• le modèle de plan d'entretien par zones, que vous trouverez sur la fiche technique 2, et qui vous servira de modèle pour votre organisation personnelle.

Vous pouvez aussi réaliser un plan adapté à vos besoins si une employée familiale vous aide dans ces tâches.
Insérez ce planning dans votre classeur « **Home GPS** », onglet ménage.

Vous pouvez aussi afficher ce plan sur la porte intérieure du placard où vous rangez matériel et produits d'entretien. Vous saurez rapidement ce que vous allez « attaquer » ce jour-là et prendrez directement ce dont vous avez besoin.

Comment obtenir un résultat optimal

Astuces pour éviter de salir

En cuisine
• Protégez l'étagère sous l'évier en y plaçant une feuille de papier aluminium, que vous changez régulièrement.
• Pensez à mettre une feuille de papier aluminium sur votre grille de four ou à utiliser la lèchefrite pour « contrôler » les débordements des gratins, tartes... votre four s'encrassera moins vite.
• Placez sur le haut des placards une feuille de papier journal qui absorbera la graisse et que vous remplacerez régulièrement.
• Mettez du papier absorbant au fond de la poubelle, avant d'y mettre le sac-poubelle qui risque de couler et de laisser de mauvaises odeurs.
• Passez tout de suite une lavette ou une éponge sur la

table sale, ou sur la cuisinière si le lait déborde : une fois collée, la saleté est plus difficile à faire partir.

Dans la salle de bains

- Utilisez gel douche et pousse-mousse au lieu de savon, qui laisse des dépôts dans le lavabo et la douche.
- Mettez un sac en plastique dans la poubelle : un seul geste et votre poubelle reste propre.
- À l'achat de votre cabine de douche, vérifiez que la porte vitrée est bien traitée « anticalcaire » : un souci de moins ! Mais attention tout de même au prix d'achat.
- Rincez la douche et passez une lavette sur les parois, après chaque usage ; vous verrez qu'elle s'encrassera moins vite.

Pour le séjour et les chambres

- Si vous avez le choix, préférez les sols durs (parquets, stratifiés) à la moquette : la chasse à la poussière et aux acariens sera plus facile.
- Bien sûr, le nettoyage n'est pas le premier critère de choix de votre intérieur, mais pensez quand même à l'entretien des matériaux au moment de l'achat (les tapis en fibre de coco font un effet superbe dans le salon, mais à nettoyer...).
- Ne soyez pas maniaques du nettoyage, mais si les enfants enlèvent leurs chaussures boueuses en arrivant à la maison, c'est du temps gagné pour vous ! Il y aura bien assez des pattes du chien !

Utilisez de bons produits

Il suffit de **quelques produits** pour le ménage, s'ils sont efficaces (choisissez la marque selon vos préférences !).

Produits	**Utilisation**
Produit à vaisselle	Vaisselle Taches sur nappe (avant lavage en machine)

Produit à vitres	Vitres Tables en verre Interrupteurs...
Détergent Désinfectant Détartrant (3 en 1) (un vaporisateur dégraissant cuisine et sanitaires)	Nettoyage et désinfection des salles de bains, W.-C. et cuisine, en une seule opération
Vinaigre blanc	Traces de calcaire dans la salle de bains (murs, tour des robinets, pomme de douche...) vitres, détartrage des appareils ménagers...
Nettoyant ménager	Lavage sols et surfaces
Eau ammoniaquée (très diluée)	Traces de doigts sur murs peints Nettoyage tapis et moquettes
Bicarbonate de sodium (vendu en pharmacie)	Nettoie les appareils ménagers Supprime les odeurs de renfermé, de moisi (frigidaire, valises et sacs, armoires, paniers linge, poubelle, chaussures) Blanchit les joints des carrelages de douche Lutte contre les cafards et les fourmis
K2R spray®	Taches de graisse sur fauteuils, rideaux...
Superdégraissant	Dégraisse la hotte, les plaques, les dessus de placards en cuisine

Si vous avez des matériaux plus « complexes » à nettoyer, il faut acheter des produits adaptés et spécialisés :

Technique

Quatre facteurs pour un bon nettoyage
Les produits ont besoin d'un **temps d'action** pour être efficaces : laissez-les agir !
Respectez la **température** préconisée : une température trop élevée peut entraîner la coagulation ou la toxicité des produits.
L'**action mécanique** est fondamentale dans le ménage : c'est « l'huile de coude » ! il faut FROTTER !
L'**action chimique** est importante.
Respectez les dosages :
• si vous utilisez trop peu de produit : le nettoyage n'est pas efficace ;
• si vous surdosez :
– vous aurez plus de mal à rincer,
– vous dépensez plus de produit pour rien,
– vous polluez davantage.

Employez du matériel moderne et efficace

Action	Matériel	Utilisation
Dépoussiérer	Chiffon microfibre * Plumeau	Pour toutes surfaces. Utiliser sec ou humide Pour un « petit coup de poussière » et pour les rebords de cadres, plinthes... « tête-de-loup » si vous avez 3,50 m sous plafond !
Dépoussiérer les sols	Aspirateur ou balai Balai plat avec frange microfibre	Pour parquets, carrelages

* Choisissez des lavettes et serpillières microfibres, de couleurs différentes pour des usages différents : « *Ne mélangeons pas les torchons avec les serviettes.* »

Laver les sols	Balai plat à frange microfibre Ou balai-brosse et serpillière microfibre Ou balai dit « espagnol »	Laver avec le nettoyant ménager Avec son seau spécifique et le panier pour essorer
Nettoyer les salles de bains	Chiffon microfibre Éponge dos « grattant » blanc	Le « grattant » blanc ne raie pas les porcelaines ni les chromes
Nettoyages divers	Chiffons éponges Chiffons de coton clair	Récupérés dans de vieilles serviettes de toilette Découpés dans de vieux draps
« Fée du logis »	Nettoyeur vapeur	Il permet de nettoyer (à la vapeur !) les vitres, les tapis et moquettes, les parois et la porte des douches, les murs de la cuisine, les matelas, les recoins inaccessibles... sans produits et sans fatigue. La vapeur décolle la saleté.

Les avantages de la microfibre

- Ultra-absorbante (poussière, eau et graisses)
- Sèche plus vite
- Économique et écologique : nettoie avec moins de produit
- Résistante : supporte de nombreux lavages en machine
- Hygiénique : après lavage, retient beaucoup moins les microbes que les chiffons et serpillières en coton.

Attention : ne jamais utiliser d'adoucissant – les microfibres creuses sont ensuite inefficaces.

Les lingettes imprégnées sont pratiques pour un dépannage, mais coûteuses à la longue et peu écologiques.

Entretenez votre aspirateur

Conseils d'utilisation

• Si l'enroulement du câble est automatique, ne tirez pas le cordon au maximum, pour ménager l'enrouleur.
• En rangeant le cordon, contrôlez l'enroulement par touches successives, afin d'éviter d'abîmer l'enrouleur et le câble.
• Vérifiez que les tuyaux ou la brosse ne sont pas bouchés, que le tuyau n'est pas percé, ni le filtre saturé.

Nettoyage

• Videz régulièrement le sac ou la boîte à poussière.
• Nettoyez de temps en temps le filtre, si possible.

Quelques astuces pour gagner du temps

Dans chaque pièce, suivez **un ordre** pour nettoyer plus vite, sans rien oublier :
• travaillez de haut en bas : dessus de cadres, lampes puis tables, puis barreaux de chaises ;
• commencez par un angle de la pièce, et dépoussiérez en faisant le tour de cette pièce, jusqu'à revenir au point de départ ;
• ensuite, nettoyez ce qui se trouve au centre : table basse, fauteuils ;
• finissez par le sol.

Vous travaillerez plus vite si vous êtes à l'aise : enfilez jeans, vieux tee-shirt, et baskets (sentez-vous confortable et légère : le ménage donne chaud !) si vous allez y passer plus de dix minutes.

Rassemblez votre matériel et les produits dont vous allez avoir besoin (il vaut mieux les ranger près de l'endroit où vous allez vous en servir). Emportez tout en une seule fois :
• mettez un tablier à poches ! vous pourrez y fourrer chiffons, produits, jouets qui traînent...
• ou prenez une « caisse » (style boîte à outils) ou un

casier à bouteilles, ou le seau dans lequel vous placez produits et ustensiles (sac-poubelle, chiffon, plumeau, éponges...).

Déterminez le temps que vous allez y passer : fixez-vous des objectifs courts : trente minutes.
– Concentrez-vous sur la pièce dans laquelle vous êtes.
– Si vous craignez de vous laisser emporter par l'élan des « grands ménages de printemps », faites sonner votre portable.

Pourquoi ne pas écouter en même temps votre musique préférée !

Attention aux accidents, en faisant votre ménage : chutes, glissades, etc.
L'INPES (Institut de prévention et d'éducation pour la santé) publie gratuitement des petits guides sur **la prévention des accidents domestiques.**
Quelques titres publiés :
– *Protégez votre enfant des accidents domestiques (enfants de 0 à 6 ans).*
– *Avec l'enfant, vivons la sécurité.*
– *Accidents de la vie courante : aménagez votre maison pour éviter les chutes (conseils à l'usage des personnes âgées).*

Les outils à insérer dans votre classeur « Home GPS » onglet ménage
– fréquence moyenne de nettoyage (fiche technique 1),
– plan d'entretien par zones (Fiche Technique 2).

Avec un peu d'organisation et un minimum de technique, le « ménage » ne sera plus votre « bête noire ». Vous vous trouverez bien chez vous et vous y vivrez mieux.

Fréquence moyenne de nettoyage dans la maison

FRÉQUENCE	CHAMBRES ET SÉJOUR	SALLES DE BAINS	CUISINE
UNE FOIS PAR MOIS	* aspirer derrière les lits et les canapés * plinthes	* baignoire à fond * lavabo à fond * douche à fond * W.-C. à fond * poubelles	* poubelles * portes des placards * réfrigérateur * four et plaques de cuisson * micro-ondes à fond * hotte
UNE FOIS PAR TRIMESTRE	* radiateurs * fenêtres * traces portes et murs * aspirer les tapisseries des fauteuils * téléphones * vitres des cadres	* grilles de ventilation * radiateurs * carrelage de la douche à fond * traces portes et murs * poussière des tuyaux et des dessus d'armoires * rideau de douche	* grilles de ventilation * argenterie
UNE FOIS PAR AN	* voilages * cirer les meubles * aspirer derrière les meubles (déplaçables !) * lustres * dessus d'armoires * plafonds (dépoussiérer) * rideaux * dépoussiérer les murs * intérieur des placards à vêtements * meubles terrasse et jardin * moquettes et tapis à fond * étagères des bibliothèques	* armoires de toilette * sol à fond * éclairages * lessiver les murs de la salle de bains * plafonds (dépoussiérer)	* intérieur des placards * sol à fond * lessiver les murs

Plan d'entretien par zones

	MARDI	JEUDI
TOUTES LES SEMAINES	SALLE DE BAINS CUISINE	CHAMBRES PARENTS ET ENFANTS SALON
Semaine 1	Nettoyer la baignoire et le lavabo à fond Nettoyer les traces sur les murs et les portes (une pièce par mois)	Changer les draps des parents Faire les vitres du salon
Semaine 2	Nettoyer les W.-C. et sol à fond Nettoyer le réfrigérateur à fond	Changer les draps des enfants Faire les vitres de la chambre des enfants Dépoussiérer les radiateurs et les plinthes
Semaine 3	Nettoyer la poubelle de la salle de bains/ou le panier à linge sale (une fois par trimestre) Nettoyer la hotte Nettoyer l'intérieur d'un placard de la cuisine	Changer les draps des parents Nettoyer les cadres, les téléphoneset les traces des murs (une ou deux pièces par mois)
Semaine 4	Une fois par trimestre : Nettoyer le rideau de douche ou les grilles de ventilation ou nettoyer les carrelages de la douche à fond Nettoyer la cuisinière et le micro-ondes à fond	Changer les draps des enfants Aspirer sous les lits Enlever les taches des tapis (faire une pièce par mois) Aspirer les tapisseries des fauteuils et sous les canapés (une pièce par mois)

Ce plan a été fait sur deux jours. Modifiez-le selon vos besoins.

9

La grande lessive

Quel délice d'enfiler du linge propre et qui sent bon !
Et quelle déception lorsque la petite robe noire qu'on adore se retrouve rétrécie ou décolorée...
Des tâches de la maison, entretenir le linge est celle qui donne le plus de « fil à retordre »...
La montagne de linge sale grandit toujours plus vite que celle du linge propre... le mystère des chaussettes célibataires n'est toujours pas élucidé...
Ce chapitre, tout en vous donnant des bases techniques, vous aide aussi à obtenir un résultat tout à fait satisfaisant, sans vous compliquer la vie !

Les six étapes du circuit du linge

Le linge a un circuit incontournable, qu'il convient d'analyser, pour parvenir au résultat final.

Les six étapes

Rassembler
Trier
Laver
Sécher
Repasser
Ranger

Rassembler le linge

Quel temps perdu à chercher les chaussettes sous le lit et les tee-shirts derrière le bureau, quand vous avez déjà si peu de temps pour vous occuper du lavage !
Peut-être qu'un panier de linge sale dans chaque chambre ou à chaque étage peut inciter chacun à y jeter ses affaires sales...
Si vous préférez contrôler l'état du linge qui arrive dans le panier (ne soyez pas dupe de vos ados qui vont y jeter négligemment un tee-shirt porté une heure et qui en sont fatigués...), choisissez un lieu unique de dépôt, soit dans la salle de bains, soit près du lave-linge (sauf si votre machine est dans la cuisine...).

Trier le linge

Une « méthode » consiste à prendre tout le monceau du bac à linge, le jeter dans la machine, un gobelet de lessive, un clic sur le programme « basique » et en avant !

Cependant, nous vous conseillons de trier le linge si vous voulez le faire durer et ne pas avoir de fâcheuses surprises qui vous donneraient finalement un surcroît de travail.
Deux bacs à linge nous paraissent nécessaires :
– un bac pour linge clair,
– un pour le linge foncé,

– éventuellement, un troisième pour les textiles fragiles (lainages, soie, sous-vêtements...).
Pour gagner de la place, vous pouvez acheter deux bacs à linge en tissu, qui se replient sur eux-mêmes lorsqu'ils sont vides.
Il existe aussi des bacs empilables : deux ou trois prennent la même place au sol.

L'éternel problème du tri des chaussettes !
Les chaussettes sont fines et se glissent facilement entre le tambour et la carrosserie du lave-linge : voilà pourquoi elles deviennent célibataires !
Ensuite, il y a les chaussettes qui se ressemblent comme des sœurs jumelles (vraies !) et pour cause : même marque, même couleur... mais pas tout à fait même pointure !

Pourquoi ne pas mettre dans la chambre de chacun un filet pour linge délicat où les chaussettes sales vont atterrir ? Au moment de faire la lessive, vous ramassez tous les filets « chaussettes » de la maison, vous fermez la fermeture éclair et finie la guerre des chaussettes solitaires et les disputes entre frères... et pères ! De plus, tout le monde collabore...
Sans aller jusqu'à un sac par personne, vous pouvez en avoir un ou deux où vous mettez toutes les chaussettes...
Sinon, il vous reste la solution de marquer les paires et de les trier après le lavage...
Mais bon, si vous n'avez pas assez de linge pour trier, mettez tout dans la machine, mais n'oubliez pas de choisir le bon programme... et une lingette « décolor'stop »® vous sauvera des catastrophes !

Le lavage

• Choisissez toujours le programme de lavage correspondant au textile le plus fragile du tas. Pour cela, regardez les étiquettes ! En fin de chapitre, consultez la signification de ces sigles plus ou moins évocateurs.
• N'attendez pas que votre linge soit trop sale : vous devrez choisir un programme plus long ou employer plus de lessive.
• Apprenez à vos enfants à vider les poches avant le

lavage, vous éviterez la désagréable surprise d'avoir le mouchoir en papier blanc émietté sur toutes les affaires noires... quand ce n'est pas le ticket de transport mauve qui a laissé sa trace sur la chemise blanche des grandes occasions...

• Retournez le linge foncé pour le laver : les couleurs tiendront plus longtemps (seulement si votre linge est délicat et que vous y tenez !).

• Fini les trempages, sauf pour les retours de foot !

Pour les cols très sales ou les taches rebelles, au moment de les laver, enduisez la tache de produit « Activateur de lavage » et mettez-les tout de suite après en machine.

Astuce pour les nappes : enlevez les miettes, frottez les taches avec un peu de liquide vaisselle et mettez-les directement au lavage.

Technique

Le brassage du linge dans la machine et l'essorage sont des facteurs clefs pour... le gain de temps à l'étendage et au repassage !
Le lin par exemple ne supporte pas l'essorage qui casse les fibres : préférez donc un programme à essorage très doux.
Si vos chemises sont essorées faiblement, elles seront moins froissées et plus rapides à repasser.
Par contre la laine feutre s'il reste trop d'humidité : le programme laine inclut un essorage doux mais suffisant pour que le vêtement sèche rapidement.
Choisissez donc le programme et la vitesse d'essorage appropriés !

Néanmoins, tenez compte de la manière dont votre linge séchera. Si vous le suspendez dans la salle de bains, par définition humide, ou dans tout autre endroit où il séchera lentement, il risque de sentir mauvais. Essorez-le au maximum de ce qu'il peut supporter.

Le choix de la lessive

Qui n'a pas acheté un superbe chemisier en coton noir qui au bout de quatre lessives apparaît d'un gris morne et sans éclat ?

Pour un résultat optimal, nous vous conseillons :

• une lessive pour le linge blanc (ou couleurs claires) : l'étiquette dit « contient des agents de blanchiment » c'est juste ce qu'il faut pour ce type de linge ;

• une lessive pour le linge couleur (l'étiquette ne mentionne pas ces fameux « agents » !) ;

• une lessive pour le linge noir si vous remplissez une machine de linge foncé (noir, marron foncé, bleu marine, vert foncé).

C'est un petit investissement à l'achat, mais une économie notable au bout de quelques mois.

Si vous n'avez pas beaucoup de place pour tout ranger, vous pouvez installer une petite étagère, près de votre lave-linge.

Lessive en poudre ou liquide ? c'est selon vos préférences personnelles, mais les techniciens (que l'on écoute avec attention, étant donné le prix du dépannage !) sont d'accord pour dire que les lessives liquides encrassent tout autant les canalisations...

Astuces

Vous obtiendrez un lavage tout aussi efficace en mettant la moitié des doses indiquées sur les paquets par les fabricants... Une fois que vous avez trouvé le bon dosage, indiquez bien au marqueur sur le gobelet doseur la quantité à utiliser.
En plus, cela encrasse moins la machine et les canalisations... et c'est bon pour la planète !

Si vous voulez ajouter un adoucissant, diluez-le aussi de moitié ! Il sera moins irritant et moins onéreux.

Un assouplissant économique, écologique et non allergisant : une cuillère à soupe de bicarbonate de sodium au dernier rinçage !

Quand lancer les machines ?

Mettre une machine en route n'est pas compliqué... mais si elles restent trop longtemps humides dans l'appareil ou une bassine en attendant l'étape suivante, vos chemises auront plus de plis, ou une petite odeur de moisi...

Essayez de calculer le lancement de la lessive pour pouvoir étendre le linge au plus vite dès la fin du programme.

Vous pouvez lancer une machine avant de partir au travail (en utilisant le programme « cuve pleine ») ; vous l'étendez en arrivant ; ou bien vous le mettez au sèche-linge en rentrant et vous pourrez ainsi le plier en regardant votre série télévisée préférée...

Si vous avez recours à une employée qui repasse, prévoyez de faire un maximum de machines pour qu'elle trouve le linge prêt à son arrivée, ou au contraire, lancez la machine avant de partir pour que, lorsqu'elle arrive, elle mette le linge à sécher et puisse ensuite le repasser.

Durées approximatives des programmes pour établir votre « timing » personnel (calculez une fois les cycles de votre machine pour le vérifier plus exactement) :
« Blanc » 60 °C cycle court : 1 h 16
« Couleurs » 40 °C cycle long : 1 h 58
« Couleurs » 40 °C cycle cours : 1 h 06
« Synthétique » 40 °C : 50 mn
« Laine » à froid : 55 mn

Vous pouvez ainsi reporter sur votre planning personnel, dans votre classeur « **Home GPS** », les jours et heures de lessives...

Attention, accidents de lavage

• Le tissu jaunit : vous utilisez trop de lessive !
Essayez de l'éliminer en faisant un lavage uniquement avec de la poudre anticalcaire (utilisée pour les lave-vaisselle).
• Le tissu grisaille : c'est à cause d'un excès d'adoucissant textile.
Faites plusieurs lavages sans adoucissant.
• Déchirures ou accrocs : vérifiez l'intérieur du tambour, un objet métallique y est peut-être resté.
Pour éviter les accrocs dans le linge délicat, vous pouvez le laver dans un filet de linge.
Vous en trouvez chez Décathlon®, pour « pas cher » au rayon « running »...
Lavez les vêtements avec des motifs en relief sur l'envers, pour qu'ils ne s'accrochent pas aux autres
• Les tissus ont déteint : vous adorez les pulls « marin » rayés, mais la rayure blanche finit toujours par devenir bleuâtre ou rougeâtre...
Placez une lingette « décolor'stop »® dans la machine au moment du lavage et finies les mauvaises surprises !

Étendre ou sécher en sèche-linge ?

Le sèche-linge peut présenter des inconvénients :
– une consommation électrique élevée,
– une usure du linge plus rapide.
Étudiez les aspects positifs :
– vous gagnez du temps : le temps d'étendage et de séchage est considérablement diminué, et le repassage presque supprimé, surtout si vous sortez et pliez le linge dès la fin du cycle de séchage,
– vous économisez votre énergie : suspendre le linge, puis le décrocher suppose une double manipulation,
– à l'heure actuelle, les vêtements s'abîment plus vite par l'usure et les cours de récréation que par le sèche-linge...

Une de nos stagiaires, Charlotte (mère de cinq enfants), explique : « Au sortir du sèche-linge, je prends les tee-shirts, les jeans, les chaussettes, les slips, je les étale bien. Si j'ai le temps, je les plie directement. Sinon, bien à plat, ils peuvent attendre un moment plus propice, ils ne seront pas froissés. Je fais de même pour les serviettes de toilette. Je suspends les chemises mouillées, pour les repasser ensuite. »

• Si vous préférez étendre le linge (ou ne pouvez faire autrement), sachez qu'un linge bien étendu, c'est un tiers du temps de repassage en moins.
• Secouez bien votre linge pour le défroisser avant de l'étendre.
• Suspendez les tee-shirts « la tête en bas » pour qu'ils ne se déforment pas.
• Ne faites pas sécher un vêtement de couleur foncée au soleil, il va perdre toute sa couleur.
• Si le vêtement risque de se déformer (pull ou vêtement lourd), faites-le plutôt sécher à plat.
• Utilisez les supports à pinces pour les sous-vêtements et chaussettes.
• Pourquoi ne pas encourager les petits qui adorent faire « comme maman », en installant une corde à linge à leur hauteur ?
• Vérifiez la bonne ventilation de la pièce. Le linge sèche mieux dans une pièce un peu froide mais bien ventilée

que dans une pièce chaude mais fermée où l'humidité va stagner. Si votre salle de bains est minuscule, et si vous ne disposez pas d'autre endroit pour étendre votre linge, laissez la porte ouverte pendant la nuit, ou quand vous n'êtes pas là.

Trucs et astuces pour gagner du temps et… épargner son dos !

Lorsque vous avez vidé le lave-linge, prenez votre bassine et placez-la à bonne hauteur :
– sur une table ou une chaise proche de l'étendage,
– ou mieux encore sur une petite table roulante, pliante (que vous glisserez lorsque vous n'en aurez plus besoin entre la machine à laver et le mur : 10 cm d'épaisseur !).

Quatre solutions pour faire sécher son linge

Au sèche-linge	Étendre sur fil	Suspendre sur cintres	Étendre à plat
• Linge intérieur coton • Chaussettes (pas en laine) • Tee-shirts, polos • Jeans • Tous les vêtements de jersey de coton	• Linge intérieur délicat • Laine polaire • Chaussettes en laine • Maillot de bain • Vêtements en Lycra	• Chemises • Chemisiers • Vestes et imperméables	• Pulls
• Serviettes de toilette et gants • Draps[1] • Nappes et serviettes de table[1]	• Torchons		

1. Veiller à les sortir dès la fin du séchage et les poser bien à plat. Si cette opération n'est pas possible, il vaut mieux les étendre, pliés en deux.

Repasser

« Repasser, personne n'aime. Je veux dire, vraiment…
La mauvaise humeur quand on s'attaque au tas, les mots de voyou quand on rencontre des bras qui n'ont pas été déboutonnés avant d'être mis au sale, je sais tout ça.

Mais ça correspond à une intention. Et puis, une maison qui ne sent pas le repassage, c'est comme une maison qui ne sent jamais le gâteau... Les chemises données à repasser dehors sont impeccables, les miennes sont bourrées d'erreurs, les cols ont un nez pas possible, l'arrière, on le bâcle souvent... mais je les préfère. Au moins, elles ont été repassées par quelqu'un. » (Constance Chaillet, journaliste.)

Le secret du repassage, c'est la **bonne humidité du tissu.** Repassez les tissus naturels (soie, lin et coton) humides : vous verrez la différence.
Pour votre organisation, prévoyez d'humidifier ces textiles un peu avant de commencer à repasser.
Un petit vaporisateur vous rendra bien service (à moins que votre linge sorte tout juste humide du sèche-linge).

Comment bien choisir votre fer
Fer à vapeur ou centrale vapeur ?
Le réservoir de la centrale vous permet de repasser longtemps : c'est le bon appareil si vous repassez (ou faites repasser) de façon suivie. Préférez une centrale que l'on peut remplir au fur et à mesure. Sinon vous serez obligée d'attendre qu'elle ait refroidi pour la remplir (selon les modèles).
En revanche, si vous repassez un peu de temps en temps, le fer à vapeur vous conviendra bien.

Technique

Quels sont les deux éléments pour un bon repassage ?
La chaleur : pour un fer, ça compte ! À l'achat, regardez la puissance de l'appareil : un fer de 2 400 W vous donnera un meilleur résultat.
La pression exercée sur le linge : sans qu'il pèse le poids d'un « âne mort », méfiez-vous des poids plumes...

Ranger le linge

Vous avez brillamment résolu l'étape précédente : alors attention, pas de gestes inutiles !
Plier les chemises ? Gagnez du temps en les suspendant directement.
Le pliage d'une chemise représente un tiers du temps de

repassage de celle-ci... Petit calcul : sachant qu'une chemise à manches longues est repassée en 7 minutes, et que le taux horaire d'une employée est de 10 euros, calculez l'économie réalisée pour le repassage de 10 chemises...
Astuce : pour simplifier le tri du linge repassé, placez un petit chariot à côté de la table à repasser ; une fois plié ou repassé, mettez le vêtement directement dans le bac correspondant au membre de la famille concerné.
Chacun reprend son linge dans son bac... ou le laisse là, mais ne peut pas se plaindre de n'avoir plus rien à se mettre ! Vous gagnez du temps, en évitant de distribuer tout le linge.
Pour savoir à qui appartient ce tee-shirt blanc, Charlotte a inventé un système de marquage facile au feutre indélébile : **1 trait ou •** pour l'aîné, **2 traits ou ••** pour le second, **3 traits ou •••** pour le troisième...
Ce système facilite le tri au pliage, et quand le linge devenu trop petit pour l'un passe au suivant, il suffit d'ajouter un trait ou un point au vêtement.

Que faire du linge porté une seule fois ?
Il ne mérite pas d'aller à la machine, mais n'est plus tout à fait propre pour autant.
Pour éviter les piles sur les chaises (voire les tas au pied du lit) dans les chambres, que le panier à linge sale devienne la voie de garage du linge que votre ado a porté une heure et n'a pas le courage de ranger...
Nous vous proposons quelques idées.
Sarah a établi une zone de « stockage » avec quelques cintres de couleur rouge, dans les penderies, pour les vêtements portés une fois, encore « mettables ».
Béatrice, elle, prépare les vêtements des enfants dans des casiers en tissu souple, en remettant le soir ce qui est encore « portable » et en complétant le dimanche pour la semaine suivante.

N'accumulez pas ! c'est une source de désordre et cela encombre vos placards.
Si votre linge est usé, ou abîmé, jetez-le ou faites-en des chiffons pour votre grand ménage de printemps.
Cela vous donnera la satisfaction de profiter des traditionnels « soldes du blanc » du mois de janvier.

Ne pas salir, c'est bien... Savoir détacher, c'est beaucoup mieux !

Ce petit guide de détachage vous aidera à faire face aux taches rebelles et insolentes.
Vous pourrez le plastifier et le placer avec vos produits d'entretien.

	Essence F	Eau ammoniaquée	Eau vinaigrée	Eau oxygénée	Alcool à 90°	Savon de Marseille (eau tiède savonneuse)	Bicarbonate de sodium	Autres Produits
Beurre, huile, graisse	Ou K2R© spray					Puis X		
Boue						X		
Bougie	X après avoir passé un fer tiède sur le tissu couvert de papier absorbant							
Brûlure					X	Puis X		
Café							X	
Cambouis	X					Puis X		
Chewing-gum	Durcir avec un glaçon et décoller puis X							
Chocolat						X		
Cirage	X							
Cire	X							
Colle								acétone
Colle à bois		Rincer à l'eau tiède, puis X						
Eau de mer			X					
Encre			X		Ou X			

	Essence F	Eau ammoniaquée	Eau vinaigrée	Eau oxygénée	Alcool à 90°	Savon de Marseille (eau tiède savonneuse)	Bicarbonate de sodium	Autres Produits
Feutre	X				Ou X			
Fond de teint	X ou lingettes pour bébé							
Fruits			Tissu fragile : X ou eau citronnée	Ou X		Tissu résistant : eau bouillante sur l'envers		
Goudron, mazout	X				Puis X			
Herbe				X additionnée de quelques gouttes d'ammoniaque				
Mercurochrome					X			
Moisi							X et laisser tremper	
Pâte dentifrice			Rincer à l'eau tiède, puis X					
Résine	Puis X				X			
Rouge à lèvres	Puis X					X		
Rouille								Rubigine®
Sang						X	Ou X	
Sueur		X				X		
Tabac					Puis eau alcoolisée	X		
Thé			X				Ou X	
Urine				X			Ou X	
Vernis à ongles								Dissolvant
Vin rouge								Vin blanc ou eau gazeuse

Quelques règles d'or pour le détachage

Patience ! le détachage n'est pas magique ! En allant trop vite, vous risquez de tout abîmer !
• Enlevez la tache le plus rapidement possible.
• Ne lavez pas à l'eau chaude le vêtement et ne repassez pas sur la tache avant d'avoir effectué le détachage. La chaleur cuit la tache.
• Essayez les produits l'un après l'autre, en allant du moins fort vers le plus fort et rincez toujours à l'eau après traitement, même infructueux (sauf pour traitement à sec).
• Faites un essai sur une partie cachée du vêtement ; si la couleur part à l'eau, n'utilisez pas de produits, confiez votre vêtement au teinturier.
• Ne grattez pas la tache, ne la frottez pas, mais tamponnez-la, de l'extérieur vers l'intérieur.

L'entretien des appareils

Avant l'utilisation ou le nettoyage des appareils, il faut toujours lire la notice.
Lisez le mode d'emploi de votre lave-linge, vous en découvrirez toutes les potentialités... et relisez de temps en temps la page nettoyage et entretien...
(Le technicien prend 120 euros de forfait dépannage – avec le déplacement - pour vous dire : « Madame, c'est simplement un bouton coincé dans le filtre du lave-linge... » C'est bien cher pour un bouton, non ?)
Alors « bichonnez » vos appareils, ils vous le rendront !

Le lave-linge

Conseils d'utilisation
Vérifiez le poids du linge : un chargement excessif donne un mauvais lavage et froisse le linge.
Une charge insuffisante peut déséquilibrer le tambour, si l'appareil n'a pas de fonction « hydroplus » (la touche qui complète par de l'eau quel que soit le poids de linge que vous mettez, pour équilibrer le tambour).

Nettoyage
- Vérifiez qu'aucun objet n'est resté dans le fond du tambour ou dans le caoutchouc de la porte.
- Nettoyez les boîtes à produits, à l'eau tiède et avec du vinaigre blanc si elles sont entartrées.
- Nettoyez une fois par mois le filtre.
- Nettoyez le bandeau de commande et la carrosserie de l'appareil avec un chiffon humide.
- Deux fois par an, faites un cycle à vide avec un litre de vinaigre blanc, à forte température, pour faire sauter le calcaire des résistances.

Le sèche-linge

- Nettoyez bien les filtres après chaque utilisation.
- Videz le condensateur après chaque utilisation.
- Vérifiez le tambour ; de temps en temps, passez-y un chiffon pour le dépoussiérer.
- Nettoyez la carrosserie avec un chiffon humide.

Le fer à vapeur

Conseils d'utilisation
- Videz le réservoir du fer après chaque utilisation, pour éviter les dépôts de calcaire.
- Rangez le fil sans le tordre.

Nettoyage
- Nettoyez régulièrement le réservoir selon le mode d'emploi du fer : une fois par mois si l'eau est dure.
- Nettoyez la semelle si nécessaire (produit du commerce ou craie pour tableau noir, ou éponge avec un « dos grattant » blanc et de l'eau vinaigrée).
- **N'utilisez jamais de produit abrasif ou d'éponge métallique.**

« Trucs et astuces » d'entretien du linge

• Les trucs antimites
Lavez les pulls avant de les ranger.
Mettez dans l'armoire :
– de la lavande
– des marrons : les enfants seront ravis de vous les rapporter lors des balades d'automne ; ils vous serviront toute l'année
– une orange piquée de clous de girofle ou
– du poivre dans les poches

• Pour retirer les traces de maquillage, ou de fond de teint sur un tissu, sans le laver entièrement, frottez-le délicatement avec des lingettes pour bébé (sans gras). Repassez ensuite à la vapeur si nécessaire.

Le point de vue du spécialiste
Sylvie Ayrault,
chef habilleuse au théâtre du Châtelet
Pour enlever les odeurs (tabac, transpiration, fumée...), brossez à l'eau ammoniaquée (une cuillère à café d'ammoniaque par litre d'eau tiède), ou vaporisez avec de l'eau mélangée à de l'alcool de camphre, ou vaporisez avec de l'eau mélangée à de la vodka

---

• Repassez du velours (lisse ou côtelé)
– soit à la verticale à la vapeur
– soit sur l'envers, sur une table recouverte d'une serviette éponge

• Pour fixer la couleur d'un vêtement : faites-le tremper avant le premier lavage dans une bassine avec 500 g de gros sel par kg de linge.

• Blanchissez les nappes blanches de famille qui gardent toujours des taches jaunes mystérieuses en les faisant sécher au soleil (et mieux sur l'herbe, au soleil : l'oxygène dégagé par les plantes blanchit les tissus) ; conservez-les ensuite enveloppées dans un vieux drap blanc bien fermé.

• Pour repasser un vêtement brodé, repassez-le sur l'envers avec une serviette-éponge dessous

• Lorsqu'un vêtement foncé est lustré : vaporisez-le d'eau vinaigrée puis repassez-le avec une pattemouille, humidifiée elle aussi à l'eau vinaigrée

• Les chapeaux :
– Pour redonner sa forme à un chapeau de paille, humidifiez-le et replacez-le sur une forme en bois ou en papier
– Si un chapeau en velours a été abîmé par la pluie, passez-le quelques minutes à la vapeur d'une bouilloire. Brossez-le ensuite dans le sens du tissu, avec une brosse douce.

• Les gants
– Les gants en peau peuvent être nettoyés avec une gomme spéciale nubuck (ou de la mie de pain)
– Les gants supportant le lavage peuvent être nettoyés à l'eau savonneuse additionnée de quelques gouttes de glycérine pour assouplir le cuir. Enfilez-les comme pour les porter et frottez doucement. Rincez ensuite à l'eau tiède

• Lavez les jouets en plastique dans le lave-vaisselle, dans un filet pour linge délicat

• Les jouets en peluche non lavables : enfermez-les dans un sac en plastique à moitié rempli de talc ou de maïzena Secouez bien le sac en tous sens. Brossez ensuite soigneusement

Cette recette sert aussi pour des accessoires en fourrure

• Pour que les voilages soient moins froissés en sortant de la machine : mettez au dernier rinçage une poignée de sel fin. Sortez les voilages dès la fin du cycle et suspendez-les directement

• Pour laver de grosses pièces de linge en machine (qui rentrent quand même dans votre lave-linge) : couettes, couvertures, ajoutez-y deux ou trois balles de tennis qui vont frapper le tissu et faciliter le lavage

Les sigles d'entretien textile

Ils sont apposés sur toutes les étiquettes et peuvent vous guider au lavage et dans votre choix à l'achat (surtout si l'article n'est pas lavable)...

Sachez toutefois que pour éviter les problèmes, les fabricants indiquent « nettoyage à sec » pour une chemise en coton ou un pull d'enfant en laine qu'on pourra très bien laver à la machine avec une lessive appropriée.

Lavage

lavage à la main ou à la machine
le chiffre intérieur indique la température maximale de lavage

une ligne sous la cuve interdit l'essorage

lavage à la main

lavage interdit : nettoyer à sec

Eau de Javel

textile supportant l'eau de javel

ne pas employer d'eau de javel

Séchage

séchage en machine autorisé ; le point indique la température de séchage : doux, moyen ou maximum

ne pas sécher en machine

sécher à plat, sans suspendre

sécher en suspendant

étendre sans essorer, et repasser tout de suite

Repassage

le point indique la température de repassage : doux, moyen ou maximum

ne pas repasser

Nettoyage à sec

nettoyage à sec possible avec des détachants du commerce

nettoyage à sec interdit

10

Traitez vos papiers dans les délais

D'où vient tout le papier qui envahit nos maisons ? Pour partie de notre boîte à lettres – chaque personne reçoit en France en moyenne 450 objets/an dans sa boîte à lettres. Une famille de quatre personnes trouve donc environ six objets par jour dans sa boîte, qu'il s'agisse de courrier adressé ou de publicité non adressée. Mais il vient, pour beaucoup, de tout ce que nous et nos enfants y faisons entrer : papiers de l'école ou des activités extrascolaires, dossiers du bureau, journal gratuit trouvé dans le métro, catalogue de l'agence de voyages, magazines achetés au kiosque, livres, photos... sans compter ce que nous avons pu imprimer directement depuis l'ordinateur familial.

À savoir

La société Xerox a calculé que les quantités de papier utilisées dans les entreprises avaient augmenté de 50 % entre 1995 et 2005 – résultat logique du bureau sans papier imaginé dans les années 1970 ? Non, il s'agit en fait de la conséquence absurde de la généralisation des e-mails qu'on imprime. Le corollaire de cette statistique est que chaque personne imprime en moyenne 1100 feuilles/mois dont 44 % ont une durée de vie inférieure à la journée !

Pour éviter de vous laisser déborder par cette marée, il faut apprendre les bons gestes pour :

- limiter l'invasion,
- traiter le flux,
- classer les documents à conserver,
- retrouver rapidement les informations utiles.

Pour bien cerner la question, commençons par identifier les problèmes que nous posent les papiers.

Gare aux papiers

Lorsque nous demandons à nos stagiaires ce que les mots papiers, classer, trier et traiter évoquent pour eux, les réponses sont rarement positives : il s'agit d'une activité « barbante, stressante, non créative, répétitive ». C'est l'accumulation de papiers, la peur d'oublier des choses importantes, les factures impayées, « on ne sait pas quoi en faire ». Cela peut même aller jusqu'au malaise physique : « quand je vois tout ça, je me sens mal » (Hélène), « ça m'angoisse » (Jeanne-Marie). Certains font l'autruche et laissent la pile grossir jusqu'à ce que le conjoint finisse par s'en occuper.
Ces réactions sont tout à fait légitimes, car neuf fois sur dix un papier est synonyme de quelque chose à faire ou d'une facture à régler. Comptez le nombre de « vraies » lettres d'amis ou de parents, et comparez-le à tout ce que vous avez reçu par ailleurs au cours du dernier mois !

Les conséquences d'une accumulation de papiers

- Pertes de temps.
- Encombrement.
- Pénalités.
- Énervement.
- Impossibilité de déléguer.

En réalité, une pile de papiers = une série de décisions non prises.

Pertes de temps

On chiffre à une heure par jour et par personne le temps perdu dans les entreprises à chercher des informations mal classées – soit près de cinq semaines par an ! Essayez d'évaluer toutes les minutes perdues chaque jour chez vous à chercher les clés, lunettes, vêtements… sans parler des adresses, numéros de téléphone, papiers divers (l'autorisation de sortie scolaire sans laquelle votre chérubin ne pourra participer à la promenade en forêt). Soyez réalistes, quand il faut parcourir le contenu de trois piles (vision optimiste) pour retrouver un papier qui, par ailleurs, a pu se glisser dans un magazine ou se chiffonner au fond d'un sac à main…

Encombrement des bureaux, surfaces planes…

Naturellement, les papiers ont tendance à « squatter » toutes les surfaces planes pour constituer des piles plus ou moins équilibrées et homogènes. On en trouve ainsi dans les tiroirs, sur les étagères, sur le dessus des meubles, des chaises… Tables de salle à manger et comptoirs de cuisine en viennent à perdre leur vocation d'origine. Parfois on en découvre jusque sous les lits ou sur les marches d'escalier. Cet encombrement touche aussi bien, évidemment, les sacs à main, sacoches ou agendas débordants !

Pénalités

Cela va de l'amende forfaitaire de 10 % pour paiement des impôts en retard, au match de foot raté car on est allé le mauvais jour au bon stade ou le bon jour au mauvais stade… en passant par le billet de train à racheter.

Énervement

Au bout de vingt minutes de recherches frénétiques, après avoir vidé son sac à main, le tiroir du bureau, et renversé trois piles, on est en général assez loin du calme requis pour une recherche méthodique... surtout quand les enfants piétinent devant la porte d'entrée en disant : « On va être (encore) en retard ! »

Impossibilité de déléguer

Vous savez bien que le papier recherché doit être dans la pile de gauche à côté du téléphone, en dessous d'un magazine avec une couverture jaune. Votre mémoire visuelle fait que vous pourriez le retrouver les yeux fermés ou presque. Mais vous n'osez plus demander par téléphone à qui que ce soit de rechercher parce que :
– au mieux ils ne vont pas trouver (la pile à laquelle vous pensez a peut-être été déplacée sous le lit pour faire la poussière),
– au pire ils vont mélanger vos différentes piles et vous ne vous y retrouverez pas non plus...

Nous sommes tous plus ou moins conscients de ces conséquences... et pourtant nous continuons à empiler des papiers, alors...

Pourquoi tant de piles ?

Parmi les « fausses bonnes raisons » pour justifier les piles, nous avons constitué un petit florilège :
- « Je suis en train de travailler dessus. »
- « Je vais l'oublier si je ne le vois pas. »
- « Je ne sais pas où le classer. »
- « Je vais le lire. »
- « Je ne sais pas ce que je dois en faire. »
- « On vient de le poser sur mon bureau, sur la table. »
- « Ça m'exaspère ! Ras-le-bol de la paperasse ! »
- « Je n'ai pas le temps de m'y mettre. »
- « Mon système de classement est inadapté – c'est dissuasif. »
- « Je n'ai pas de bureau. »

Etc.

Il n'y a pas de mystère, les personnes qui ont réussi à dominer le monstre de papier l'ont fait avec une méthode. Pour régler le problème, vous allez mettre en place :

1. un système pour traiter les papiers,
2. un système pour classer les papiers (voir le chapitre suivant).

Les deux fonctionnent ensemble et une fois mis en place vous demanderont peu de temps et d'énergie pour fonctionner.

Papiers : mode d'emploi

Utilisez la méthode TRAP

(pour faire passer les papiers à la trappe)

Méthode TRAP
T comme Trier
R comme Ranger (classer)
A comme Agir
P comme Poubelle

T comme Trier

C'est la première étape, incontournable. C'est à ce moment-là que vous décidez soit de Ranger, soit d'Agir, soit de jeter à la Poubelle.

R comme Ranger

Il s'agit de documents que vous devez conserver pour des raisons légales (bulletins de salaires, relevés de comptes bancaires, bulletins scolaires...), médicales (résultats d'analyses, radios...) ou qui correspondent à des projets personnels (catalogues et documents concernant des projets immobiliers, vacances ou hobbies...). Vous pouvez classer ces documents directement, sans autre action (voir la liste des durées de conservation en annexe).

A comme Agir

Ce sont des documents qui demandent une action de votre part avant d'être classés ou jetés.

Vous trouvez, dans cette catégorie, les factures à payer, les rendez-vous à noter, les courriers auxquels il faut répondre...

P comme poubelle

Jetez-y :
• tous les papiers sans intérêt immédiat (une publicité pour des cheminées, alors que vous n'en possédez pas).
• tous les papiers à jeter après lecture (le compte rendu de la réunion de parents d'élèves qui ne vous a rien appris de nouveau).

Formalisez le KIFEKOI

Si vous vivez seul, la question ne se pose pas car, par défaut, c'est vous qui faites tout.
Si vous vivez en couple, il est très fréquent que, de façon formalisée ou non, chacun ait pris en charge au fil des années certains domaines. Tant que les choses sont claires – indépendamment même de savoir qui prend en charge quelle dépense – tout va bien... Là où ça se complique c'est lorsqu'on découvre un « no man's land » ou quand on recherche un papier « classé » par l'autre.

Sandrine raconte ainsi un retour de vacances chaotique : « Nous sommes rentrés un dimanche à 22 h. Pas de lumière en arrivant, nous avons eu beau manipuler les disjoncteurs et tester les fusibles – dans le noir, car bien sûr nous n'avions pas de lampe de poche ou de bougie sous la main – rien n'y a fait. Nous avons couché les enfants tant bien que mal et avons découvert le lendemain matin que le contenu du frigo et du congélateur était irrécupérable ! Furieuse, j'ai appelé du bureau l'assistance technique. Après renseignement, on m'a informée qu'après trois courriers de relance pour cause de non-paiement, on nous avait coupé l'électricité. Je me suis alors rappelé avoir vu des courriers que j'avais mis sur un coin de table pour que mon mari s'en occupe. Lui ne s'était pas senti concerné non plus et n'avait rien fait... »
Après cet épisode mémorable, Sandrine et son mari ont clairement réparti les rôles... et mis en place un prélèvement automatique pour toutes les factures régulières !

Chez Catherine et Jean-François, les choses sont cadrées mais pas forcément plus simples : « Je m'occupe de tous les papiers scolaires, de sécurité sociale et d'assurance, et je fais la déclaration d'impôts ; Jean-François suit les comptes et règle toutes les factures qui ne sont pas prélevées automatiquement. Nous avons chacun notre façon de faire et si nous avons besoin d'un papier traité par l'autre, il faut le lui demander car on ne le trouvera pas sans son aide. »

Au bureau, vous savez qui fait quoi (en principe du moins) et vous savez où et à qui demander l'information dont vous avez besoin. (Si ce n'est pas le cas dans votre société, faites appel à nous !)
Pour que cela fonctionne aussi bien à la maison, il faut passer par une phase de formalisation :
• définir qui fait quoi ;
• avec quelle périodicité ;
• comment et où les dossiers sont classés.

Pour la suite du chapitre, nous allons partir du principe que c'est vous qui traitez le courrier en premier et donnez ensuite à votre conjoint la part qui lui revient.

Installez un coin bureau

Toute maison ou appartement comporte en principe :
• une cuisine – la pièce où l'on prépare les repas,
• une salle de bains – la pièce consacrée à l'hygiène,
mais à moins de jouir d'une très grande surface, on ne dispose en général pas d'une pièce particulière pour assurer le fonctionnement de la maison. Le bureau a donc rarement une place clairement définie. Pourtant, on passe souvent autant de temps à brasser du papier qu'à préparer des repas !

Il vous faut un endroit pour faire fonctionner la maison : payer les factures, répondre au téléphone, noter les rendez-vous et les adresses, conserver les papiers importants, etc.
Si vous avez une pièce entière, vous pourrez vous équi-

per confortablement et sortir des pièces principales tous les accessoires de bureau qui sont rarement décoratifs.
Si ce n'est pas le cas, vous pouvez néanmoins aménager un coin, ou ne serait-ce qu'une étagère ou un tiroir, pour regrouper le matériel dont vous avez besoin.
Essayez si possible d'installer le coin bureau près de l'ordinateur, si vous en avez un, et d'une prise téléphonique. Une grande partie de votre travail administratif va nécessairement impliquer l'un ou l'autre.

Nous sommes d'accord, c'est plus souvent une corvée qu'une partie de plaisir de s'occuper des papiers, alors facilitez-vous la tâche en installant votre coin bureau à un endroit où vous vous sentez bien, et rassemblez l'équipement dont vous avez besoin.
Si vous optez pour un endroit poussiéreux et sans lumière, l'idée même d'aller vous asseoir là-bas vous fera toujours trouver des excuses pour repousser au lendemain la corvée.
De même si vous devez à chaque fois chercher des enveloppes, puis des timbres, puis un stylo et courir après votre chéquier, vous aurez du mal à régler vos factures en temps et en heure !

Rassemblez le matériel nécessaire

Il vous faut :
• corbeille à papier (poubelle),
• une ou deux corbeilles courrier empilables (bannette),
• agenda (papier ou électronique),
• carnet d'adresses (papier ou électronique),
• trieur à six séparations,
• enveloppes, timbres,
• papier blanc et bloc à feuilles détachables,
• petit matériel de bureau (stylo, crayon, ciseaux, gomme, agrafeuse, colle...),
• Dossiers de classement.

Corbeille à papier (la poubelle)
Près de 80 % du papier entrant dans votre maison doit y finir. Pensez à la vider régulièrement et choisissez-la la plus grande possible.

Corbeille courrier arrivé

C'est le point de passage de tous les papiers avant leur ventilation dans le trieur. Si vous vivez en couple, achetez-en une deuxième à empiler pour votre conjoint. C'est là que vont tous les papiers qui lui sont destinés. Il s'agit d'une zone d'échange entre vous – pour être sûr de ne pas égarer un papier important. Charge à chacun ensuite de prendre l'habitude de « relever sa boîte ». Si vous avez déjà un système et qu'il vous satisfait, gardez-le !

Le mari de Béatrice déteste les corbeilles de bureau et demande que tous les papiers qui lui sont destinés aillent dans un tiroir précis où il les prend tous les samedis matin.

Agenda

Essentiel pour noter tous les engagements et coordonnées.

Vous devez en avoir un, et un seul ! Si vous avez un gros agenda de bureau – au bureau –, un petit agenda dans votre sac à main et un troisième près du téléphone à la maison, vous passerez votre temps à essayer de les synchroniser ou bien vous y renoncerez totalement et ne serez jamais certain de vos disponibilités.

Utiliser un seul agenda personnel n'est pas incompatible avec le fait d'avoir un calendrier/agenda familial accroché à la maison pour l'information générale de la famille.

Carnet d'adresses

Le choix du carnet d'adresses est épineux à bien des égards.

Entre ceux qui n'en ont plus et se fient à la mémoire de leur téléphone portable, et les autres qui les recopient scrupuleusement d'année en année et en profitent pour trier, il existe une multitude de personnes qui jonglent entre différents carnets en plus ou moins bon état – sans être jamais sûres de trouver le bon numéro dans le bon carnet.

Nous ne saurions trop vous recommander d'abandonner le carnet papier au profit d'un carnet électronique si vous disposez d'un ordinateur à la maison.

L'avis du spécialiste

Le choix d'un agenda
Choisissez un modèle qui vous convienne, qui tienne dans votre sac ou votre poche et qui puisse vous suivre partout.
Vous pouvez choisir un modèle papier ou électronique.
Papier : vous avez en général le choix pour un modèle janvier à décembre ou pour un modèle universitaire septembre à septembre – si vous avez des enfants, privilégiez ce type car il vous permettra dès la rentrée de noter tous les engagements de l'année.
Ordinateur de poche – assurez-vous de pouvoir le synchroniser avec votre ordinateur familial ou de bureau. Son principal avantage est de vous offrir une sauvegarde de vos données sur le disque dur, et de pouvoir être imprimé à la demande.

Trieur à six séparations

C'est la clé de voûte du système de traitement. Il vous permet de faire un premier tri quotidien avant le travail de fond hebdomadaire. Choisissez de préférence un modèle à six ou sept séparations en carton avec des élastiques pour le tenir fermé. Les modèles en carton sont plus faciles à manipuler et tiennent ouverts sur une table, contrairement à ceux en plastique qui demandent deux mains pour les tenir ouverts et une troisième pour y glisser les papiers.
Dans le paragraphe suivant, vous découvrirez son utilité.

Papier, blocs, enveloppes, timbres

Vous allez devoir écrire, répondre... le bloc vous permet de noter des idées ou conversations téléphoniques et de mettre vos notes au bon endroit dans le bon dossier.

Petit matériel de bureau

Constituez-vous une trousse avec vos affaires – ce n'est pas la réserve des enfants ni le matériel de dessin collectif ! Au besoin, marquez-les à votre prénom ou (papa/maman) au feutre indélébile. C'est la rentrée des classes pour vous aussi !
Choisissez du matériel de bonne qualité et qui vous plaît, cela sera plus motivant qu'un vieux Bic cristal mâchouillé...

Dossiers de classement et archivage
Une fois les papiers traités, il faut un endroit pour les conserver – mais surtout pour les retrouver facilement. Il faut avoir un endroit proche pour les papiers courants (année en cours et année n – 1). Les documents plus anciens peuvent être « archivés » dans des boîtes à un autre endroit (grenier, étagère difficile d'accès) – par définition, on en a rarement besoin.

Planifiez le moment où vous allez traiter vos papiers

Il vous faut cinq à dix minutes tous les jours et une à deux heures toutes les semaines.
En fonction de vos horaires habituels, essayez de choisir un moment régulier – en rentrant le soir quand vous venez de récupérer le courrier de la boîte, ou après le dîner. Plus ce moment sera régulier (retour du bureau ou après le dîner), plus il sera facile de s'y tenir.
De la même façon, efforcez-vous de choisir un jour régulier – compatible avec votre emploi du temps – dans la semaine pour le traitement des papiers. Que ce soit le mercredi soir ou le samedi matin ne regarde que vous, mais il faut que vous puissiez vous y consacrer sans être dérangé. Donc inutile de planifier ça le samedi matin, si vous devez en même temps faire les courses et les accompagnements à la piscine – vous auriez toujours une « bonne » excuse pour ne pas vous y mettre.
Dans votre classeur « Home GPS », n'hésitez pas à noter ce moment sur votre planning hebdomadaire (voir chapitre 3).

Si cela prend moins de deux minutes – faites-le tout de suite !

Le trieur à six séparations (« Trivit »)

Méthode générale en cinq étapes

1. Déposez tous les papiers au même endroit dans la bannette au moment où ils arrivent – qu'il s'agisse du courrier, de la recette de cuisine à essayer (arrachée à *Voici*, *Femme actuelle* ou autre dans la salle d'attente du médecin) ou du carnet scolaire à signer – cela passe par la case bannette.

2. Consacrez cinq à dix minutes tous les jours à faire un premier tri : poubelle/bannette conjoint/répartir dans une des six sections du trieur.

3. Faites immédiatement les tâches urgentes et/ou très courtes (moins de cinq minutes : rédiger un chèque, répondre par téléphone, signer un carnet...). Cela vous prendrait plus de temps de les reporter.

4. Programmez une heure toutes les semaines (ou deux fois une heure – en fonction de la charge de travail) pour traiter les différentes catégories de papiers.

5. Passez en revue le contenu de chaque section pour être sûr de ne rien oublier.

Avec cette méthode, vous deviendrez aussi efficace que les assistantes de direction qui ont appris au cours de leurs études que l'on **ne doit toucher un papier qu'une fois.**
Vous le toucherez en réalité deux fois (une fois de plus pour le mettre dans le trieur avant de le traiter), mais ce sera bien mieux que de déplacer des piles !
Partant du principe que l'on est plus efficace en effectuant des séquences de travail homogènes, le trieur permet de rassembler par grandes catégories d'activité des papiers hétéroclites. Il est ainsi plus simple de classer simultanément un bulletin de salaire, un bulletin scolaire, une quittance de loyer et des papiers d'assurance que de se déplacer quatre fois pour ranger un papier.

Utilisez un feutre pour reporter ces catégories sur chaque onglet de votre trieur.

Les six rubriques du trieur

Traiter
Vous placerez là tous les dossiers qui demandent un traitement « complexe » : c'est-à-dire qui vont requérir plusieurs opérations telles que téléphoner, aller sur Internet, réfléchir, faire des calculs, rédiger le chèque correspondant... Il faudra souvent plus de trente minutes pour s'en occuper.
Par exemple la déclaration de revenus, les documents relatifs aux bulletins de salaire et déclaration Urssaf de votre employé(e) de maison.
Si vous mettez des papiers dans cette catégorie, planifiez, sur votre agenda, le moment où vous allez vous en occuper.

Classer
Il s'agit de tous les papiers qui ne demandent aucun traitement particulier. Cela suppose bien sûr de disposer de dossiers et d'un plan de classement pour les retrouver.
(Bulletin de salaire, analyse médicale sans anomalie, quittance de loyer, facture d'un montant habituel – réglée par prélèvement automatique.)

Payer
Mettez dans cette catégorie toutes les factures à régler par chèque ou TIP.
En général, la facture est accompagnée d'un coupon détachable à retourner ou d'un TIP à signer, ainsi que d'une enveloppe préadressée. Pour éviter de perdre un de ces trois documents : dès ouverture de l'enveloppe, rédigez le chèque et glissez-le dans l'enveloppe pré-imprimée, timbrez-la si nécessaire et conservez-la dans le trieur en notant sur l'enveloppe la date à laquelle il faut l'envoyer (date limite de paiement moins quatre ou cinq jours) – pour être sûr de ne pas oublier, reporter la date d'envoi sur votre liste des tâches ou dans votre agenda.
Le prélèvement automatique vous simplifie la vie.

Jacques nous a fait part de son expérience : « En trente ans de prélèvements automatiques, je n'ai constaté que deux erreurs qui ont été immédiatement corrigées : une fois de 5 francs en 1983 et un prélèvement double de mon loyer en 2004. »

Noter (dans votre agenda/carnet d'adresses) ou saisir (sur ordinateur)

C'est fou le nombre de papiers, cartes, Post-it que l'on garde juste pour le numéro de téléphone ou l'adresse qui est dessus. Et bizarrement, on n'arrive jamais à remettre la main dessus quand on en a besoin.

Placez dans cette section tous les papiers comportant des numéros de téléphone ou des adresses à reporter dans le carnet d'adresses. S'il s'agit d'adresses « temporaires » (commerçants, artisans, professionnels, voisins...), notez-les à la rubrique correspondante plutôt qu'au nom dont vous ne vous souviendrez plus. Puis jetez le papier !

Votre amie Martine vient de vous donner les coordonnées d'un plombier très sérieux, qui est venu à l'heure prévue et a effectué la réparation pour un prix très raisonnable. Il s'agit d'une information importante à garder... okazou. Notez Plombier (Alvarez), car dans six mois vous ne vous souviendrez plus de son nom de famille.

Placez-y aussi toutes les réunions (parents d'élèves, AG copropriétaires...) ou rendez-vous (médecin, visites d'expos...) à enregistrer dans votre agenda. Vous pouvez ensuite soit jeter le papier, si vous avez noté toutes les informations utiles, soit le placer dans la rubrique **En cours.**

Si le document comporte un plan d'accès ou un ordre du jour, conservez-le temporairement dans cette rubrique. Vous saurez ainsi où le récupérer le jour de la réunion.

L'école vous adresse en début d'année une circulaire qui comporte toutes les dates de vacances, les journées pédagogiques et la date de la kermesse de fin d'année. Reportez toutes ces dates sur votre agenda, donnez le papier à votre enfant s'il est assez grand pour les noter dans son propre agenda, et jetez ! Inutile de le garder sur le frigo, où vous ne le reverrez plus avant le grand nettoyage de fin juin.

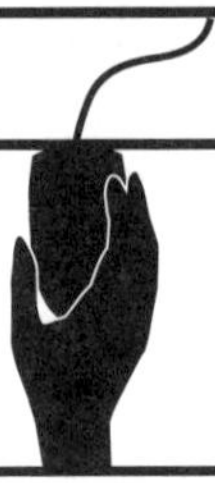

Accros du micro

Si vous utilisez un agenda et un carnet d'adresses papier – ces opérations prennent moins de deux minutes, vous pouvez donc les faire tout de suite.

Si inversement vous notez sur votre ordinateur, il peut être plus facile de tout saisir à la fois et donc de classer temporairement dans le trieur.

Répondre/discuter

Cette rubrique accueille tous les papiers qui appellent une réponse par courrier, e-mail ou téléphone (invitation, faire-part...), ainsi que tous les documents qui nécessitent une discussion avec une autre personne.

Vous recevez le catalogue des colos organisées par la mairie pour les ados. Il est préférable de demander à Thomas s'il souhaite passer deux semaines sur un voilier, faire le tour du Mont-Blanc à pied ou un stage de macramé en Corrèze avant de renvoyer le bulletin d'inscription.

Vous pouvez aussi ajouter une feuille pour noter, au fil de l'eau, les sujets à aborder avec conjoint ou enfants. Il est parfois difficile de se retrouver calmement en famille pour discuter : avoir un pense-bête permet de ne rien oublier.

En cours/en attente

Vous mettrez dans cette section tous les documents à conserver temporairement, jusqu'à l'échéance de l'événement, tels que : convocation avec tous les détails de la réunion, plans d'accès, billets de train ou places de théâtre... Après échéance, ces documents peuvent être jetés.

Vous pourrez aussi y placer tous les dossiers qui ne peuvent être traités rapidement car il manque des informations.
Vous envisagez de refaire votre salle de bains et avez demandé trois devis différents. Il vous en manque encore deux et vous ne pouvez pas encore prendre de décision. Vous attendez un justificatif de l'Urssaf avant de pouvoir renvoyer votre déclaration de revenus.

Il est essentiel de passer en revue cette section régulièrement afin de pouvoir « relancer » les personnes dont vous attendez des informations.

Attention !

Si votre rubrique En cours/En attente grossit dangereusement – signe clinique évident de procrastination.

Demandez-vous ce que vous ignorez aujourd'hui, mais que vous saurez demain.
Si la réponse est : rien de plus, prenez votre décision aujourd'hui !

Une méthode polyvalente

Nous avons jusqu'à présent uniquement parlé de papiers. Mais la logique est la même que vous manipuliez du papier physique ou du « papier virtuel » sous forme d'e-mails ou de fichiers.
Cette méthode vous permet de définir ce qu'il faut faire de chaque document.
Le prochain goulot d'étranglement est le **classement**. En effet, si vous ne savez pas où mettre les papiers traités et à conserver, vous allez reconstituer des piles.
Le prochain chapitre a pour objet de vous permettre de créer votre propre classement, afin de savoir où ranger, mais surtout où retrouver !

Schéma de Traitement avec le TRIVIT et la méthode TRAP

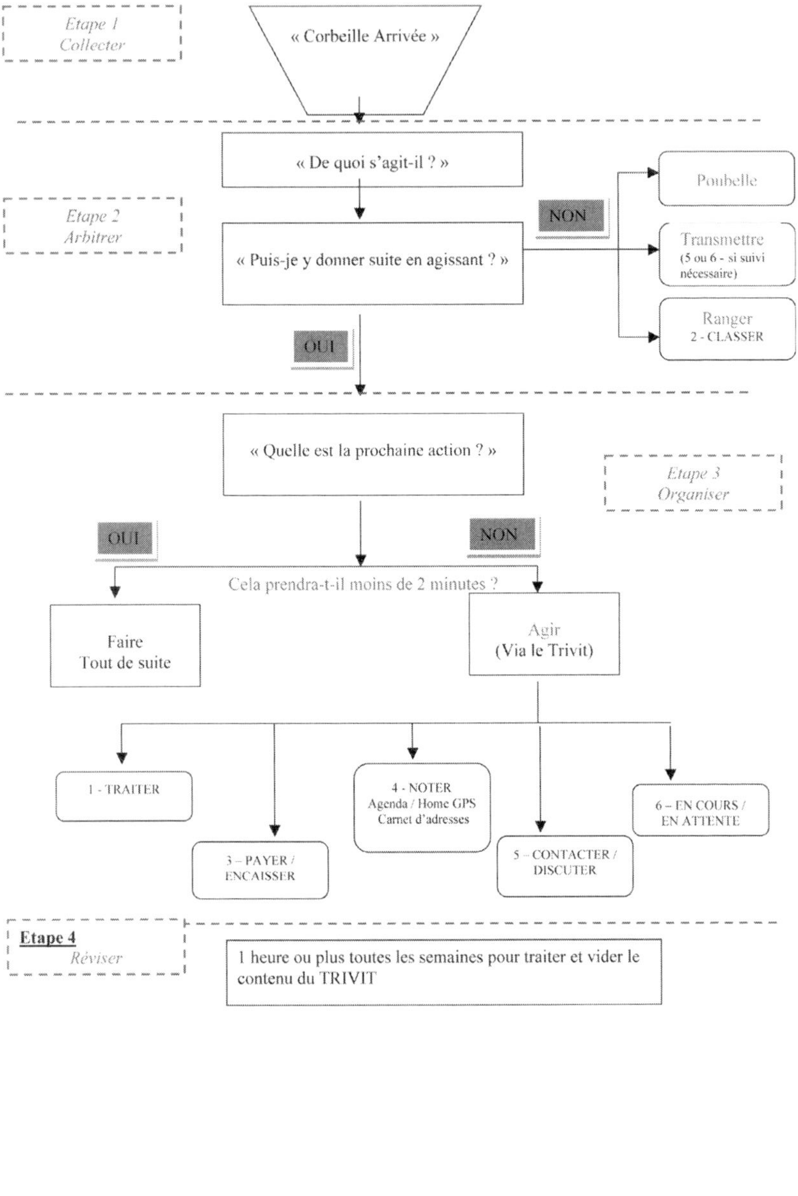

Notes personnelles

11

Classez pour retrouver

Maintenant que vos papiers sont triés et traités, ne revenez pas à la case départ, c'est-à-dire au stade de la pile ! Classez-les en utilisant un système simple, fiable, commun à tous ceux qui auront besoin de les retrouver rapidement.

On ne classe pas pour le plaisir, mais pour retrouver !

Modèle de plan de classement

Parfois on essaie de ranger les papiers dans des dossiers déjà existants, ou on en ouvre de nouveaux pour chaque affaire, sans logique, et le classement peut alors atteindre des niveaux de stratification quasi géologiques.
Pour sortir de cette impasse, nous vous proposons une méthode radicalement différente : créer en premier un plan de type « coquille vide ». Vous pourrez y reclasser tous vos dossiers existants et serez assuré de disposer d'un emplacement logique pour tous vos futurs documents.

Pour faciliter la compréhension de la méthode, nous vous proposons un plan type.
Ce plan est adapté du système mis au point par la société Kit Organise, qui commercialise une offre complète regroupant des dossiers préimprimés et un CD pour installer la même arborescence sur le disque dur de l'ordinateur. Pour plus d'informations, consultez le site www.kitorganise.com

Les 15 rubriques du tableau de la page 166 correspondent aux besoins de 90 % des gens. Elles sont bien sûr à adapter à votre situation personnelle. Ne créez pas le dossier 3 (Animaux de compagnie) si vous êtes certain de ne jamais en avoir. En revanche, créez le dossier 10 (Patrimoine) même si vous ne voyez pas encore très bien ce qu'il pourrait contenir.

Quelques principes pour élaborer votre plan de classement

Faites ce test simple : classez un jeu de cinquante-deux cartes.
Instinctivement, neuf personnes sur dix vont faire quatre tas : pique, cœur, carreau, trèfle. Plus de la moitié va aller plus loin et ordonner les cartes au sein de chaque famille : as, roi... jusqu'au deux.
Pourquoi cet ordre-là plutôt qu'un autre ? On aurait aussi bien pu constituer treize paquets de quatre cartes

Personnes	Biens	Services
1 - État civil & religion – Identité – Situation militaire – Informations sur la famille – Religion **2 - Dossier personnel adulte** Un pour chaque membre adulte de la famille – Emploi, travail, ANPE, Assedic, carrière, contrats, bulletins, retraite – Études, formation – Santé : CPAM, dossier médical, mutuelle, praticiens – CAF – Pensions **2 bis - Dossier personnel enfant** Un pour chaque enfant de la famille – Santé – Bulletins scolaires – Épargne (plans, livrets) – Emploi étudiant (si besoin) **3 - Animaux de compagnie** Un dossier par animal	**4 - Immobilier** – Résidence principale – Résidence secondaire – Loyers et charges **5 - Biens d'équipement** – Audio, vidéo, multimédia – Électroménager, mobilier – Objets de valeurs – Travaux et entretien **6 - Énergie et téléphone** – Eau – Gaz, électricité – Autres : fuel, bois... – Téléphones fixes – Téléphones mobiles – Internet **7 - Loisirs, sports, vacances** – Loisirs – Sports – Vacances, voyages **8 - Services divers** – Services à la famille – Écoles – Urssaf **9 - Véhicules** – Véhicules – Transports **10 - Patrimoine** – Notaire, donation...	**11 - Assurances** – Véhicules – Multirisque habitation & responsabilité civile – Scolaires et extra – Assistance juridique **12 - Impôts** – Impôts sur le revenu – Taxes foncières – Taxe d'habitation **13 - Banques** Un dossier par banque & compte – Conditions générales – CB et facturettes – Prêts - crédits – Plans - livrets – Relevés de comptes – Assurance-vie – Obligations, actions – Participation capital – Cautions, engagements **14 - Outils** – Listes – plans d'accès – Modes opératoires **15 - Divers** – Courriers envoyés – Courriers reçus – Humour

ou un paquet unique plus ou moins classé, ou encore mettre les noirs d'un côté et les rouges de l'autre...

Si le classement par famille vient spontanément à la plupart des personnes, c'est qu'intuitivement on sait qu'il est plus facile de rechercher dans quatre paquets plutôt que dans un très gros ou dans treize très petits.
Appuyez-vous sur la même logique pour créer une structure de classement applicable aussi bien à un ordinateur qu'à des armoires.

Pour les papiers familiaux, le plus simple est d'utiliser un système thématique avec un accès direct aux grandes rubriques telles que banque, assurance, santé...

Le plan proposé ci-dessus répond aux critères d'un classement efficace :
• un plan unique et polyvalent,
• une quinzaine de thèmes,
• trois niveaux de profondeur maximum dans chaque thème,
• des noms clairs,
• pas de document non classé.

Utilisez un plan unique

Un plan unique, c'est-à-dire une même logique pour tous ceux qui vont classer ou chercher des documents chez vous, et quel que soit le type de document traité :
• les dossiers papier,
• les fichiers informatiques,
• les e-mails et même les favoris d'Internet.

Une quinzaine de thèmes

Ce que l'on appelle les dossiers de premier niveau.
Un dossier de premier niveau correspond à un grand thème (banque, assurance, santé...).

Si l'on fait le rapprochement avec le classement du jeu de cartes, cela correspond à un nombre de « points d'entrée » raisonnable. Sur un écran d'ordinateur, cela permet de voir l'intégralité des dossiers (pas des fichiers !) sans avoir à utiliser l'ascenseur pour faire défiler les lignes.

Accros du micro

Nous parlons toujours de vos papiers, mais de plus en plus de documents et d'informations vous parviennent par le biais de l'ordinateur.
Le plan ci-dessus se décline aussi bien pour les papiers que pour les fichiers et les e-mails.
Sur un ordinateur, le risque est beaucoup plus grand de créer des cascades de dossiers.
Le meilleur moyen pour s'y retrouver est d'adopter une signalétique visuelle.
Niveau 1, tout en majuscules – IMPÔTS.
Niveau 2, 1re lettre en majuscule seulement – Impôt Revenus.
Niveau 3, tout en minuscules – impôts revenus 2005

Trois niveaux de profondeur maximum pour chaque dossier

Avec des dossiers papier, on va rarement au-delà de trois niveaux

NIVEAU 1
boîte

IMPÔTS

NIVEAU 2
dossier cartonné à sangle
Impôt Revenus

NIVEAU 3
chemise à rabats
impôts revenus - 2005

Donnez des noms clairs à tous vos dossiers

Si vous classez tous vos documents d'assurance ensemble, créez autant de sous-dossiers que nécessaire, commençant par le mot principal.
Exemple :
Assurance – Voiture
Assurance – Maison

Assurance – Décès
(l'assurance-vie, étant plutôt assimilée à un placement financier, sera dans le dossier finance).
Si inversement vous préférez classer les papiers d'assurances avec les sujets concernés, vous opterez pour :
Voiture – Assurances
Voiture – Entretien, etc.
Si vous avez des contrats auprès de plusieurs compagnies d'assurance pour plusieurs véhicules, optez pour ce système, car il sera plus facile pour tous de s'y retrouver que si vous choisissiez de classer à Axa ou Zafira (dans le cas où votre voiture est une Opel Zafira assurée par Axa !).

Astuce

Ne créez jamais de doublon en classant à deux endroits ! Au pire, placez un Post-it au 2e endroit pour renvoyer sur le premier.
Si vous ne savez pas où le classer, demandez-vous à quoi vous penseriez si vous deviez le retrouver.
C'est votre logique qui prime et doit vous aider à choisir.

Pas de document non classé

Si vous êtes confronté à des documents que vous ne savez pas où classer, cela peut signifier trois choses :
– vous aviez oublié un dossier important et il faut modifier votre plan en conséquence ;
– vous devez choisir entre 2 possibilités ou plus (classer l'assurance auto à Assurances, à Automobile à pétrole ou à Voiture ?) ;
– ce document n'a aucun intérêt pour vous et doit être jeté.

Et maintenant, comment procéder ?

Bravo, vous avez décidé de prendre le taureau par les cornes et de vous atteler à votre classement. Rome ne s'est pas faite en un jour et les monceaux de dossiers non plus.
Donc, soyez patient, mettre en place un nouveau sys-

tème va prendre du temps – temps que vous récupérerez au centuple dès qu'il sera opérationnel.

Triez vos dossiers en six étapes

Faites en premier votre plan de classement personnel.
Vous pouvez pour cela vous aider du plan proposé cidessus et le personnaliser selon vos besoins.

Optez pour un angle d'attaque.
Souhaitez-vous commencer par les papiers ou par l'ordinateur ? Il peut être plus simple de commencer par l'ordinateur, car cela demande moins de manipulations lourdes. Une fois que vous serez à l'aise avec votre nouveau plan, il sera très facile de le décliner dans les dossiers papier.
Cela vous permettra également de détruire les dossiers papier s'ils existent aussi sur l'ordinateur – gardez la source, pas le papier !
Définissez un lieu de stockage pour les dossiers « vivants ».
Vous avez défini un emplacement pour votre bureau. Avez-vous prévu un espace pour vos dossiers courants ? Vos archives peuvent bien sûr être rangées ailleurs.

Choisissez le matériel.
Partez de ce que vous utilisez déjà (dossiers suspendus, boîtes, classeurs...) et de l'espace dont vous disposez.
Les meubles de bureau pour dossiers suspendus (armoire pour dossier avec accès latéral ou tiroirs pour dossiers avec accès sur le dessus) sont très pratiques mais rarement esthétiques. Par ailleurs deux ou trois classeurs métalliques achetés en grande surface peuvent faire l'affaire.
Vous pouvez aussi utiliser des boîtes cartonnées rigides pour classer vos chemises et les ranger sur une étagère dans un placard (voir fiche technique 3).

En fonction des dossiers, différents matériels peuvent coexister (dossiers suspendus, boîtes, chemises à élastiques).

Calculez vos rangements un peu larges !

Évitez toutefois les classeurs difficiles à manipuler et qui obligent à perforer les feuilles ou à utiliser des pochettes plastique.
Tout est bon, dès lors qu'on peut voir le contenu du dossier clairement sur la tranche sans avoir à le sortir.

Remplacez les trombones par des agrafes.
Les trombones ont la faculté d'accrocher des pages qui n'ont rien à voir avec le dossier en cours.

Placez le document le plus récent au-dessus.
C'est le premier que vous devez voir en ouvrant le dossier.

Étiquetez le matériel selon les rubriques les plus importantes de votre plan.
Le fait d'étiqueter votre matériel selon les grandes rubriques vous aidera beaucoup à ranger et reclasser.
Limitez l'usage de la couleur (Budget = jaune, Santé = rouge...) : même si cela est séduisant, il arrivera forcément un jour où vous n'aurez pas en stock la bonne couleur. Si vraiment vous y tenez, passez un coup de surligneur sur le titre.

Créez les dossiers sur votre disque dur, même si aujourd'hui vous n'avez rien à mettre dedans. Le jour où vous aurez un document inhabituel entre les mains, il aura déjà un point d'accueil.

Attaquez par les piles non classées, puis reclassez ensuite les dossiers déjà faits.
Résistez à la tentation de réarranger tout de suite les dossiers apparemment « propres », car il faudra de toute façon les ouvrir et les trier pour jeter et archiver.
Commencez plutôt par tous les documents « orphelins » dont vous n'avez jamais su quoi faire.

Planifiez le travail

Refaire un classement est une tâche fastidieuse – plutôt que de bloquer une journée ou un week-end, nous vous suggérons d'y consacrer une demi-heure tous les jours en travaillant par pile (pile de papier ou pile virtuelle de

fichiers non classés sur l'ordinateur). Lorsque vous aurez éliminé les piles hétéroclites, vous aborderez plus rapidement les dossiers déjà organisés.
Pensez toujours « petits pas » et travaillez par « petites doses » – vous pouvez tout faire par tranche de quinze minutes.

Archivez régulièrement

On a souvent l'impression d'être débordé de papiers car on garde sous la main, dans les dossiers courants, un tas de documents qui relèvent de l'archivage.
La règle de bon sens consiste à garder dans les dossiers courants l'année en cours et l'année précédente. En juin 2007, vous avez sous la main les documents de 2007 et 2006. Il s'agit de vos dossiers « vivants ».
Tous les documents antérieurs à 2006 seront, en fonction de leur durée de conservation (voir les tableaux en annexe), archivés (dans des boîtes carton) ou jetés.
Faites une fois par an le tour de vos dossiers pour archiver l'année n – 2, trier et jeter.
Lorsque vous ajoutez un nouveau document dans un dossier, profitez-en pour vérifier rapidement s'il n'y a rien à jeter.

Vous recevez le nouveau catalogue printemps-été de votre collection favorite – jetez celui de l'hiver, il ne sert plus à rien.

Que faut-il conserver ?

Vous allez forcément tomber sur des papiers, gardés « okazou », que vous hésitez à jeter.
Pour prendre une décision :
– (re)lisez le chapitre précédent,
– reportez-vous aux durées de conservation des documents de la fiche technique 2,
– inspirez-vous de l'expérience de Pascale (documentaliste en entreprise),
– demandez-vous ce qui pourrait arriver de pire si vous ne l'aviez plus,

– si cela devait être catastrophique, n'hésitez pas – gardez ! Autrement, vous pouvez prendre le risque de jeter.

Les trois axiomes de Pascale (documentaliste émérite)

• Une documentaliste ne sait rien, mais sait où trouver tout.
• Tout article recherché est plus ancien que ne le pense le demandeur.
• Tout document inclassable peut être jeté immédiatement, il ne sera jamais retrouvé.

Documents précieux

Si vous aviez moins de cinq minutes pour évacuer votre appartement ou votre maison, qu'emporteriez-vous avec vos enfants ?
Personne n'est à l'abri d'une inondation, d'un incendie ou, selon les régions, d'un glissement de terrain. Les effets seront de toute façon pénibles, mais si l'on peut limiter les conséquences administratives par un peu de prévention, autant le faire.

Identifiez vos documents les plus précieux ou les plus compliqués à refaire :
• papiers d'identité, livrets de famille,
• jugement de divorce ou d'adoption,
• actes sous seing privé – reconnaissances de dettes, testament,
• factures d'achats importants,
• dossier pour l'assurance avec le descriptif et la photo de vos biens,
• récapitulatif de carrière (sauvegarde si vous perdiez les bulletins de salaire – année N, entreprise X, salaire annuel brut) ou au minimum une copie de la feuille de décembre de chaque année qui récapitule l'ensemble des informations de l'année,
• négatifs de photos,
• CD gravé (ou clé USB) de vos fichiers personnels.

Plusieurs possibilités s'offrent à vous pour les protéger :
• utiliser un coffre-fort scellé et résistant au feu (bijoux, papiers),

• disposer d'un classeur métallique ou d'une sacoche que vous pouvez emporter avec vous,
• déposer des copies chez une personne de confiance.

Simone a tout perdu dans l'incendie de sa maison. « Ce qui m'a fait le plus mal, c'est la disparition de toutes nos photos de famille. L'assurance a remplacé le reste, mais pas ça. »

Que faire de ces documents ?

Journaux et magazines

Inutile de garder le journal de la veille pour le lire – vous avez déjà entendu les nouvelles à la radio/TV. Découpez tout de suite les articles que vous voulez garder (ranger dans un classeur). Purgez la pile toutes les semaines. Si vous n'avez pas le temps de les lire, faut-il maintenir l'abonnement ? Autant acheter un numéro en kiosque quand vous avez besoin de lecture. Donnez-les au fur et à mesure de vos courses (hôpitaux, salles d'attente, garage auto – ça changera des magazines pour camionneur en attendant la fin de votre vidange...).
S'il s'agit de beaux magazines que vous souhaitez conserver, classez-les dans des boîtes à pans coupés et mettez un Post-it à l'emplacement de l'article. Autrement, vous ne le retrouverez pas.

PNA (Publicité non adressée)

Jetez sans ouvrir – détruisez les offres cartes de crédit avec vos coordonnées. Inscrivez-vous sur la liste Orange (gratuit) ou mettez un sticker stop pub sur votre boîte aux lettres (toutes ces offres refusées sont autant de risques de dépenses en moins !). Gardez en mémoire le slogan : « J'y pense et je dépense. »

Papiers scolaires

Les vôtres, c'était une autre vie (les bulletins scolaires peuvent servir pour l'édification des futures générations) !
Quant à ceux des enfants, aidez-les tous les trimestres à faire un choix sur les œuvres à garder et constituez un « best-of » avec eux. Les cours et cahiers peuvent en général être jetés d'une année sur l'autre (plus facile à faire fin août que fin juin – une fois les vacances passées) – en plus vous aurez des cahiers de brouillon gratuits.

Recettes de cuisines et autres fiches pour activités de loisirs

Gardez uniquement les livres de cuisine que vous utilisez, faites un stock tampon de recettes à tester – jetez-les si vous ne les avez jamais essayées. Il y a de plus en plus de ressources accessibles gratuitement. Sur le web www.marmiton.org dispose de plus de 36 000 recettes du monde entier avec les commentaires des personnes qui les ont testées.

Livres

Si vous n'avez aucune envie de les relire, s'il ne s'agit pas d'une édition rare ou d'un grand classique, donnez-les (organisez une soirée/ou un café bouquins avec échanges), apportez-les chez un libraire qui reprend les occasions ou faites venir un bouquiniste.

Documents administratifs ou à valeur légale

Voir la fiche technique 2.

Annuaires et catalogues

Jetez le vieux quand le nouveau arrive (tout est on-line sur le web).

Photos

Voir le chapitre sur le classement des photos et négatifs et la réalisation rapide des albums.

Documents imprimés depuis l'ordinateur

Gardez la version électronique et jetez le papier ; mieux encore, imprimez moins !

Cartes routières et brochures de voyages

Si c'est trop vieux, ce n'est plus d'actualité, rachetez un plan récent et jetez le vieux déchiré.

Fournitures scolaires/papeterie

Ayez un stock unique, mais votre matériel personnel dans votre bureau (hors de portée des enfants).

Durées légales de conservation des documents (source GMF)

Quels documents conserver et combien de temps ?

Factures, bulletins de salaires, avis d'imposition... s'accumulent dans vos tiroirs au fil des années.
Il est difficile d'en faire le tri.
Thème par thème, sachez ne garder que l'essentiel en toute sécurité.

Parce qu'ils constituent un moyen de preuve pour justifier ou préserver vos droits, il est nécessaire de conserver vos papiers personnels pendant un certain temps. Cette durée varie selon les cas de quelques jours à plusieurs années.
Il est donc indispensable de bien connaître ces délais avant de détruire vos papiers.

Le tableau ci-après passe en revue un certain nombre de papiers à conserver. Cette liste n'est pas exhaustive.

Nature du document	Durée	Remarques
ASSURANCE		
Avis d'échéance ou de prime	2 ans	Votre assureur peut vous réclamer le paiement de primes impayées pendant ce délai.
Contrats (auto et habitation) incluant une assurance responsabilité civile	10 ans (après résiliation du contrat)	En cas de fait dommageable, votre responsabilité peut être recherchée pendant 10 ans.
Contrat d'assurance décès	A vie	Par définition c'est au moment du décès qu'il prend effet.
Lettre de résiliation	2 ans	Délai pendant lequel un assureur peut contester les conditions de la résiliation de votre contrat.
AUTOMOBILE		
Bon de commande	Pendant la durée de conservation du véhicule	
Contravention	3 ans à compter de l'infraction	Les poursuites se prescrivent par 1 an et les peines par 3 ans.
BANQUE		
Chèque bancaire (encaissement)	1 an et 8 jours	Après ce délai, vous pouvez conserver le chèque à titre de reconnaissance de dette mais vous ne pourrez plus l'encaisser. Attention : le délai est d'un an pour les chèques postaux.
Contrats de prêt à la consommation	2 ans après la dernière mensualité	Pendant ce délai le banquier peut vous réclamer le paiement d'une échéance.
Contrats de prêt immobilier	10 ans après la dernière échéance de remboursement	Idem.
Relevés de compte / talons de chèque	10 ans	Délai pendant lequel vous pouvez faire rectifier une erreur sur votre compte par votre banque.
Coupons de valeurs mobilières	5 ans	Délai pour réclamer les intérêts et dividendes non versés.
CONSOMMATION		
Factures de biens de consommation	Durée de conservation du bien	Un vendeur peut vous poursuivre pendant un délai de deux ans si vous n'avez pas payé la marchandise délivrée. Conservez néanmoins vos factures tant que vous possédez les biens comme élément de preuve de leur valeur vis-à-vis de votre compagnie d'assurance, et durant le temps de la garantie contractuelle.
Contrat de déménagement	1 an à compter de la livraison des biens	Cela correspond au délai de recours contre un déménageur. Attention : en cas de dégradation sur vos biens, vous devez dans les 3 jours qui suivent la livraison adresser une lettre recommandée avec avis de réception au déménageur.
Factures d'eau	2 ans	Délai pendant lequel le paiement peut vous être réclamé si le service est délégué à une entreprise privée. Attention : le délai est de 4 ans s'il est assuré directement par la commune.
Factures d'électricité et de gaz	5 ans	Délai pendant lequel le paiement peut vous être réclamé.
Factures de téléphone	1 an	Idem.
Notes d'hôtel et de restaurant	6 mois	Délai pendant lequel les hôteliers et restaurateurs peuvent agir pour obtenir paiement des sommes qui leur sont dues. Mais conservez ces notes pendant 6 ans si vous avez opté pour l'imposition aux frais réels. L'administration fiscale pourrait vous les réclamer, à titre de justificatif, en cas de redressement.

Durées légales de conservation des documents (source GMF)

Nature du document	Durée	Remarques
FAMILLE		
Actes relatifs aux successions / donations	A vie	Conservez-les pour revendiquer un droit en cas de litige avec d'autres héritiers.
Contrat de mariage / PACS	A vie	Ces contrats peuvent avoir des effets qui pourraient être contestés même après la dissolution du mariage ou du PACS.
Convention d'indivision	Jusqu'à l'acte de partage	
Diplômes	A vie	Ces documents vous seront réclamés pour une inscription à un concours ou l'exercice de certaines professions.
Jugement de divorce ou séparation de corps	A vie	Ils peuvent vous être demandés par différentes administrations pour l'octroi de certains droits.
Livret de famille / acte de reconnaissance d'un enfant naturel	A vie	Ces documents relatent la vie de la famille et doivent être conservés par les enfants, même après le décès ou le divorce de leurs parents.
IMPOTS		
Impôt sur le revenu (avis d'imposition)	Au moins 4 ans	L'administration dispose d'un délai de recouvrement jusqu'à la fin de la 3e année qui suit celle au titre de laquelle l'imposition est due. Le délai est de 10 ans lorsque l'administration relève une omission ou une insuffisance de déclaration, qu'elle soit volontaire ou pas.
Redevance télévision (jusqu'en 2004)	3 ans	Délai pendant lequel l'administration peut vous en réclamer le paiement.
Taxes d'habitation et foncière (avis d'imposition)	Entre 2 ans et 10 ans	Le délai est en principe de 2 ans : l'administration peut exercer un redressement jusqu'au 31 décembre de l'année suivant la période d'imposition. Mais le délai est de 10 ans si l'administration répare une erreur ou une insuffisance d'imposition liée à l'absence ou à l'inexactitude de la déclaration.
LOGEMENT		
Charges de copropriété (appels de fond, relevés de charges) / justificatifs de paiement	10 ans	Délai durant lequel le syndic peut vous réclamer le paiement de vos charges.
Contrat de location	5 ans après la fin du bail	Délai d'action en paiement des loyers et des charges.
Quittances de loyer, avis d'échéance, régularisation des charges, justificatifs du paiement	5 ans	Idem.
Factures de travaux	- 10 ans - 30 ans	- Délai de recours lorsque les travaux sont réalisés par un commerçant. - Délai lorsqu'ils le sont par un artisan (hors garantie décennale).
Titre de propriété immobilière	A vie	
SANTE		
Dossiers médicaux	A vie	Conservez les dossiers les plus importants (carnet de santé, radiographies, résultats d'analyse...).
Factures d'hôpital	30 ans	Délai pendant lequel l'hôpital peut vous en réclamer le paiement. Le délai n'est que de 4 ans pour un établissement public ayant un comptable public.
Factures des cliniques privées	10 ans	
Prestations d'assurance maladie, familiales	2 ans (à compter du premier jour du trimestre qui suit celui auquel se rapporte la prestation)	Délai pour réclamer le paiement d'une prestation. Les caisses ont le même délai pour obtenir le remboursement d'un trop perçu (court à compter du paiement au bénéficiaire).
VIE PROFESSIONNELLE		
Attestations de chômage	A vie pour la liquidation des droits à la retraite	Les ASSEDIC peuvent vous réclamer un trop-perçu pendant 5 ans (en cas de fraude ou de fausse déclaration le délai est de 30 ans). Mais attention vous ne disposez que de 2 ans pour réclamer le paiement de vos allocations à compter du jour où vous remplissez les conditions pour y prétendre.
Bulletins de salaire / contrat de travail	A vie	Conservez-les jusqu'à la liquidation de la retraite afin de justifier des emplois occupés.
Relevé de points des caisses de retraite	A vie	Gardez-le au moins jusqu'à la liquidation de la retraite. Au-delà, il est utile pour la pension de réversion du conjoint.

Idées de matériels de classement et archivage

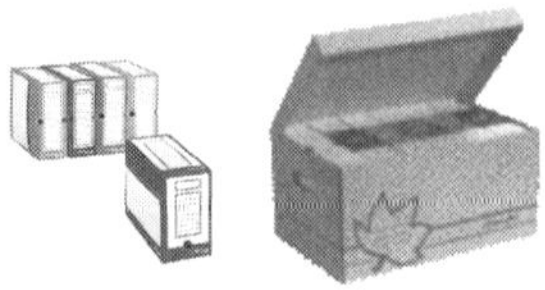

Carton et boîtes d'archives en carton léger à assembler.

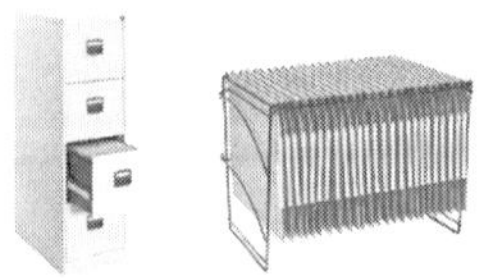

Meuble quatre tiroirs pour dossiers suspendus – accès par le dessus.
Structure pour dossiers suspendus à poser sur une étagère.

Valisette polypro pour dossiers suspendus.
Existe aussi en classeur métallique.

Boîtes en carton toilé rigide. Plusieurs largeurs disponibles. Parfait pour un usage fréquent. accueille les chemises et sous-chemises. Tient bien en équilibre sur une étagère.

Boîtes en carton à pans coupés – pratiques comme porte-revues pour les collections de magazines.

Notes personnelles

12

Souvenirs, Souvenirs, de la boîte à chaussures à l'album de photos

Les albums de photos... ou plutôt les photos qui n'y sont pas posent un vaste problème d'envahissement et de frustration.

Que votre objectif soit de mettre vos photos en album ou simplement de faire le ménage dans les pochettes éparpillées, vous trouverez ici méthodes et solutions.

À quoi sert un album ?

Un album est la mémoire de votre famille, il sert à évoquer les souvenirs heureux, à revivre les moments forts, à se repérer quand on a beaucoup déménagé.
Il donne aux enfants une vision de leur place au sein de la famille, et contribue à transmettre l'héritage familial. Il leur permet de mettre un visage sur des personnes disparues et de connaître les membres plus éloignés.

D'un point de vue strictement économique, il n'est pas logique :
• d'acheter un appareil,
• d'acheter des pellicules (ou cartes mémoire),
• de consacrer du temps (le vôtre et celui des personnes qui posent !),
• de payer le développement,
pour entasser le résultat en vrac dans des tiroirs, des boîtes à chaussures, ou s'en servir de marque-page !
Dans ce domaine, comme dans les autres, allez au bout de vos gestes. Si vous décidez de prendre des photos, allez jusqu'à la réalisation de l'album – maintenant ! Quand vous serez à la retraite, il sera trop tard, car vous aurez oublié l'essentiel.
Souvent, on cesse de faire ses albums faute de temps, d'avoir trouvé le matériel adéquat, ou découragé par les circonstances. Quand, fier de vous, après avoir bouclé l'année 2006, vous retrouvez une pellicule entière du mois de janvier que vous ne pouvez pas insérer car les pages sont fixes – arrgh !

Véronique (cinq enfants) : « C'était une catastrophe, je ne savais pas par où commencer, il y en avait partout – au point que quand un enfant me demandait une photo de lui bébé, j'en étais réduite à découper une photo de bébé – vaguement ressemblante – dans un magazine, plutôt que de chercher ses photos de naissance ! »

En fait le plus long est de rassembler les photos. Cette première étape est la clé du succès.
Si vous avez beaucoup de retard, commencez par les pho-

tos les plus récentes, les souvenirs étant plus frais, cela sera plus facile.

Ce chapitre a pour objectif de vous donner les outils pour :
- choisir le bon matériel,
- classer les photos numériques,
- classer les photos argentiques (traditionnelles),
- préparer rapidement vos albums.

Choisissez le bon matériel

L'avis du spécialiste

Béatrice (ancienne formatrice en scrapbooking[1] aux États-Unis) : « Peu de gens connaissent l'importance du choix de l'album, des adhésifs et des stylos. La première chose est de s'assurer que les albums et adhésifs utilisés sont sans acide, car l'acide accélère le vieillissement des photos – en particulier des photos couleur. La qualité du papier (avec ou sans lignine) va garantir que vos pages noires aujourd'hui ne vont pas virer au gris sous l'effet de la lumière. Choisir un stylo avec une encre de bonne qualité garantit que vos enfants pourront encore lire dans une ou deux générations les légendes de vos photos. »

Les albums

Il en existe plusieurs catégories :

Type d'album	Avantages	Inconvénients	Note
Autocollants	Rapide	Adhésif acide Impossible d'écrire Feuillets fixes Enlevez les photos auxquelles vous tenez	–

1. Le scrapbooking est un loisir créatif consistant à introduire des photos dans un décor en rapport avec un thème donné.

Type d'album	Avantages	Inconvénients	Note
Pochettes plastique	Rapide	Format vertical ou horizontal imposé Impossible d'écrire en général Feuillets fixes Risque d'acidité selon le plastique des pochettes	–
Carnet à dessin à spirale (papier fort)	S'ouvre à plat Écrire OK Tous formats de photos Adapté pour albums de voyage	Pas de feuille de protection pour protéger les photos en vis-à-vis Feuillets fixes	+
Traditionnel avec feuille pergamine	Écrire OK Tous formats de photos OK Esthétique Photos protégées	Lent à faire Photos se décollent car ils ne s'ouvrent pas à plat Feuillets fixes	+
Classeur avec pochette perforée	Bon marché Feuillets mobiles Écrire OK Photos protégées par la pochette plastique S'ouvre à plat Permet de voir deux pages à la fois	Format A4 imposé Moins esthétique	++

Type d'album	Avantages	Inconvénients	Note
Album traditionnel à vis	Tous les avantages de l'album traditionnel S'ouvre à plat Feuillets mobiles	Le prix !	++

Selon votre budget optez pour un système de classeur ou d'album traditionnel à feuillets mobiles.
Nous insistons sur les feuillets mobiles, car c'est ce qui vous permet de pouvoir ajouter des pages en les intercalant au milieu de pages déjà faites.
Croyez-nous, vous retrouverez toujours des photos géniales que vous avez oublié de développer ou qu'un ami bien intentionné vous envoie deux ans après !

Le format aussi a son importance : si vous avez le choix, préférez un album de format carré (30 cm x 30 cm mini) car c'est le format qui donne le plus de souplesse quelle que soit la façon dont vous voulez placer vos photos.
Vous pourrez toujours en mettre quatre au format 10 x 15 (voire cinq ou six si vous les coupez) contre trois si vous utilisez un format rectangulaire type A4.

Format carré

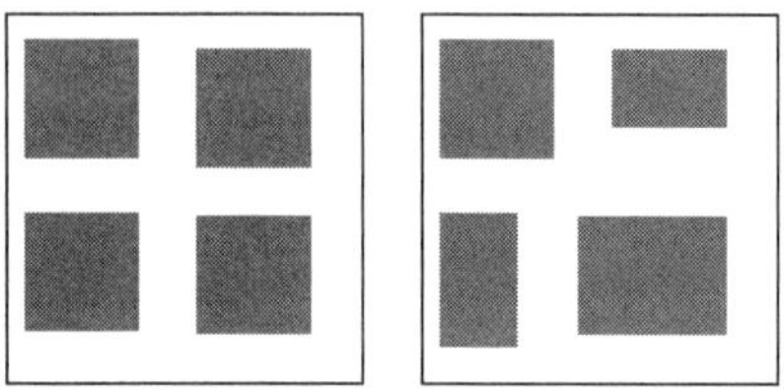

Format rectangulaire

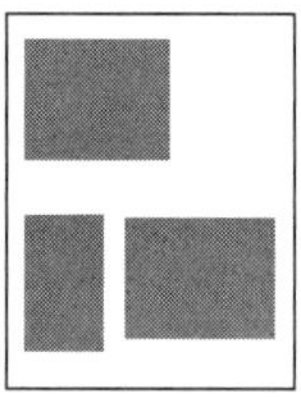

Les adhésifs

Il en existe aussi plusieurs catégories.
Coins : le plus traditionnel. Si vous avez du temps à perdre pour les positionner et pour ramasser les photos qui

« sautent » ! La seule raison de les utiliser est de pouvoir sortir la photo de l'album.
Colle en bâton : à éviter car tient mal sur la durée.
Colle en tube : à éviter car dosage difficile, et fait des « pâtons » visibles au travers des photos.
Gommettes double face : à la rigueur – c'est long et plein de petits bouts à ramasser ensuite !
Ruban double face déroulant : c'est le mieux – le dosage est facile et rapide.

Astuces

Pour décoller des photos d'un album, passer du fil dentaire sous la photo en commençant par un coin, avec un léger mouvement de va-et-vient.

Les crayons, stylos ou feutres

Investissez dans :
• un crayon très gras spécial photos (cela s'appelle un crayon à aquareller – à la rigueur un 6b peut faire l'affaire à condition de ne pas trop tailler la mine) pour écrire au dos des photos sans faire de marque ;
• un stylo avec une encre de très bonne qualité pour écrire dans les albums – si vous passez du temps à écrire maintenant, autant que vous puissiez relire dans quinze ans ! (Les marques japonaises sont réputées pour la qualité de leurs pigments.)
Maintenant que vous savez tout sur le matériel idéal, il est temps de s'attaquer aux stocks de photos, qu'ils soient virtuels (photos numériques) ou physiquement encombrants.
D'après le MARSOUIN (Mole Armoricain de Recherche sur la SOciété de l'information et des Usages d'INternet – non, non, ce n'est pas une blague, cet organisme existe bel et bien !), le taux d'équipement des ménages français en appareil photo numérique était de 48 % en 2006 – et de 72 % pour les familles possédant au moins un ordinateur.
Cela veut donc dire qu'au sein de la plupart des familles coexistent deux façons de faire des photos et deux logiques à mettre en place pour les organiser.

Le préalable indispensable à la réalisation des albums est… de disposer des photos. Nous allons donc étudier successivement deux méthodes de classement :
- l'une pour les photos numériques,
- l'autre pour les photos classiques (argentiques).

De la photo à l'album – processus habituels

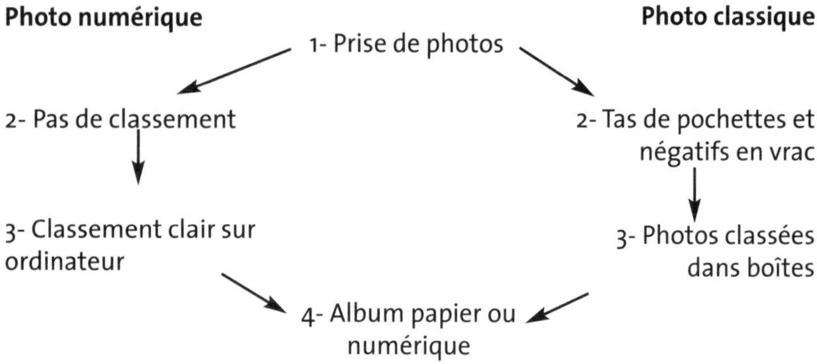

Le classement des photos numériques sur l'ordinateur

Si vous n'avez pas d'appareil photo numérique, passez directement à la section suivante.
Si vous faites beaucoup de photos numériques, vous n'avez pas nécessairement envie de les mettre dans des albums ; les consulter sur l'ordinateur vous suffit peut-être. Votre objectif dans ce cas est simplement de pouvoir retrouver rapidement les photos recherchées.

Quel que soit le logiciel que vous utilisez, la logique est la même : on les retrouve soit par leur classement, soit en utilisant une recherche par mot clé.
Les logiciels qui reconnaissent automatiquement les personnes présentes sur une photo sont en cours de développement. En attendant, il faudra continuer à jouer du clavier !

Transférez les photos de l'appareil numérique sur l'ordinateur

À faire après chaque séance photo.
C'est fastidieux, mais cela permet de faire le tri tout de suite en conservant les meilleures et en les sauvegardant.
Cela permet aussi d'éviter le syndrome de la « carte pleine » au moment où vous aviez plein de photos sympas à prendre et ne savez pas lesquelles « écraser » pour faire de la place.
Paramétrez la liaison entre l'ordinateur et l'appareil pour effacer automatiquement les photos transférées de la carte.

Créez un nom de répertoire significatif

Au moment du transfert, par défaut votre ordinateur attribue un numéro d'ordre à chaque photo et la place dans un répertoire temporaire (temp).
Si vous ne le modifiez pas, vous risquez d'« écraser » les photos du précédent transfert lors du nouveau (il y aura deux photos nommées pic001.jpg, par exemple – par sécurité l'ordinateur vous le signalera).

Créez un nom de répertoire standardisé et significatif (exemple : Noël 2006).
Le plus simple est de créer une arborescence chronologique en nommant vos dossiers 2006_01 à 2006_12, afin qu'ils apparaissent dans le bon ordre. N'hésitez pas à compléter cette date par un mot significatif tel que famille, voyage Londres, anniversaire Zébulon, etc.
Au sein de chaque dossier vous pouvez créer autant de sous-dossiers thématiques que vous le souhaitez.
Lorsque vous retouchez une photo (recadrer, enlever des yeux rouges), n'oubliez pas de vérifier qu'elle conserve la définition d'origine ou faites « enregistrez sous » et renommez-la.

Triez et nommez les photos

Visualisez les photos et opérez un premier tri pour les mettre toutes dans le bon sens (vertical ou horizontal) et éliminer les mauvaises et les doubles.
Si vous ne les renommez pas tout de suite, par défaut, vos photos du répertoire Été 2006 s'appelleront Été 2006_001, Été 2006_002, etc. – c'est déjà mieux que dans la version précédente...

Donnez un nom clair à chaque photo. Pour faciliter la saisie, vous pouvez utiliser des abréviations (toujours les mêmes). Cela s'avérera très utile le jour ou vous déciderez de rechercher ou d'imprimer les photos pour les mettre dans un album.

Si vos enfants s'appellent Marc et Sophie, nommez-les MX et SX par exemple (la probabilité de trouver un autre fichier comportant les lettres mx et sx est quasi nulle lorsque vous faites une recherche sur le disque dur).
Bravo, vous avez maintenant créé une boîte à chaussures électronique pour classer vos photos !

De l'ordinateur à l'album

Au moment où vous vous apprêtez à faire un album et seulement à ce moment-là, imprimez vos photos ou plutôt téléchargez-les sur un site tel que Pixmania, Wistiti, Photoways, etc. Vous limiterez ainsi les coûts en n'imprimant que celles dont vous avez besoin.
À ce stade, vous pouvez aussi choisir de réaliser des albums numériques directement en ligne. Vous recevrez alors un album sous forme de livre – les tarifs sont très vite dégressifs pour plusieurs albums identiques commandés.
Plus besoin de passer par la case j'imprime les photos et je les colle !

Sauvegardez périodiquement

Archivez périodiquement sur CD et surtout ne détruisez pas les fichiers... ce sont vos négatifs !

Attention !

Évitez d'imprimer chez vous. Le coût du papier et de l'encre est supérieur à ce que vous allez payer chez un professionnel pour une qualité inférieure. Choisissez de préférence un site qui imprime au dos de la photo le nom que vous lui avez donné – ainsi que la date à laquelle elle a été prise (et non celle de l'impression). Cela a son importance quand vous en commandez cent ou plus en une fois.
La plupart de ces services sur Internet vous proposent de préacheter à tarif préférentiel (entre 10 et 15 centimes la photo) des packs de deux cents à mille photos et de les commander ensuite en fonction de vos besoins (vous ne payez alors que les frais de port).
Ainsi, vous téléchargerez vos photos à développer sur le site de prestataire – dans un espace personnel, protégé par mot de passe. Vous pourrez aussi donner l'accès à ces photos à vos amis et parents.

Le classement des photos anciennes (argentiques) et des négatifs

La méthode décrite ci-dessous est le préalable à la réalisation de vos albums (étape 4) ; si votre objectif est simplement de mettre de l'ordre dans les tas, vous pourrez très bien vous arrêter à la fin de cette étape (étape 3).

Le but n'est pas de trier pour le plaisir, mais bien au contraire de rassembler toutes les photos en un seul endroit, et de les classer de façon logique. Cela fait, vous serez sûr de disposer de tout votre matériel photographique, et pourrez commencer – et finir – un album en sachant qu'il ne vous manquera aucune photo (ou presque).

Le matériel dont vous aurez besoin

• 1 boîte pour archiver les photos avec des intercalaires (contenance environ 1 000 photos),
• 1 classeur à anneaux + feuilles cristal pour négatifs,
• 1 classeur à soufflet (ou bien réutiliser vos enveloppes) pour trier les photos à donner ou à mettre dans votre futur album,
• 1 crayon gras (« aquarellable » – pour écrire les dates au dos des photos),
• 1 feutre permanent fin (pour écrire sur les pochettes cristal des négatifs),
• du Scotch (pour coller les index sur les feuilles de négatifs correspondantes),
• des Post-it (pour repérer les photos à dupliquer),
• 1 corbeille (pour jeter les photos ratées ou inutiles !) – ou éventuellement une boîte à chaussures étiquetée « photos ratées » pour le cas où vous auriez des remords après coup.

Comment démarrer

Rassemblez toutes vos photos en un seul endroit : un tiroir, une étagère, une valise... N'oubliez pas non plus toutes celles qui sont éparpillées à droite et à gauche, ni celles que vos amis vous ont données en souvenir de cette mémorable soirée ou celles envoyées par vos tantes, cousins, etc.

Choisissez votre premier projet d'album

Si vous avez un projet d'album (pour un enfant, un voyage, des vacances), faites d'une pierre deux coups en triant vos photos. Cela vous évitera de les repasser en revue par la suite.
En triant vos photos, vous isolerez dans une enveloppe toutes celles qui devraient y prendre place (n'oubliez pas d'inscrire la date au dos avant de les séparer des autres). Lorsque vous classerez les négatifs, vous vérifierez rapidement qu'il ne vous manque aucune photo essentielle (celles que vous avez données à votre mère). Si c'est le cas, vous pourrez les repérer comme photos à retirer.
Ne vous laissez pas tenter par l'idée de trier les photos pour plusieurs projets simultanément, vous perdriez beaucoup plus de temps et auriez du mal à gérer tous vos retirages.

Prenez entre dix et quinze enveloppes, ainsi que tout ce qui se rattache à une même pellicule (photos, négatifs, doubles, photo index, CD ou disquette).
Commencez par les plus « récentes ».

Comment utiliser la boite d'archives photos

Inscrivez une année sur chaque carte index. Si vous avez beaucoup de photos pour une même année, vous pouvez utiliser un index pour six mois, voire un mois ou pour tout événement ayant nécessité un minimum de quatre pellicules. N'oubliez pas que vos photos n'ont pas vocation à rester dans cette boîte, mais qu'il s'agit de la première étape avant de les mettre dans un album.
À terme, il n'y restera que les photos non utilisées, mais que vous souhaitez conserver en réserve – donc inutile de faire des séparations trop détaillées.
Conservez quelques index vierges pour les photos que vous ne pouvez pas situer dans le temps, vous les organiserez alors par thème ou par personne.

Classement chronologique ou thématique ?
Un classement chronologique vous oblige à parcourir tout votre « stock » si vous recherchez des photos d'une personne particulière, mais ce classement sera l'occasion de les isoler si vous avez une recherche précise en tête.
En revanche, il vous sera beaucoup plus facile de retrouver une photo que vous savez situer dans le temps (plus besoin d'ouvrir toutes les pochettes successivement).
Par ailleurs, cela vous évite d'avoir à arbitrer le classement des photos de groupe (en fonction de quelle personne allez-vous les classer ?).

Pour chaque pellicule

Commencez avec les enveloppes complètes (photos + négatifs + si vous en avez CD/disquettes et cartes index). Ce n'est pas gênant s'il manque des photos. Vous traiterez les photos et les négatifs isolés ultérieurement.

• Y a-t-il une date imprimée au dos ?
• Est-ce la date de l'événement ou celle du tirage (si vous

avez fait développer un an après) voire d'un retirage ?
• En supposant que vous êtes à peu près sûr de la date, prenez-les toutes dans une main et parcourez-les rapidement – ce n'est pas le moment de se remémorer tous les événements qui s'y rapportent, sinon vous allez passer une heure sur chaque rouleau et ce n'est pas le but du jeu (gardez ça pour l'album).
• Si vous avez des doubles pour toutes ces photos, c'est le moment de jeter tous ceux que vous ne regretterez jamais !
• Maintenant votre tas a dû diminuer au moins d'un tiers et il ne vous reste que les photos à classer dans la boîte ou dans la pile « projet d'album ».
• Si vous en repérez certaines à dupliquer (pour donner ou pour un autre projet d'album, mettez un Post-it sur le négatif correspondant et vous pourrez faire tous vos retirages en une seule et unique fois.
• Si la date n'était pas au dos ou ne correspondait pas, prenez une minute pour l'inscrire au crayon gras (pas de marque, ni d'indentation) – l'année suffit, mais si vous vous souvenez du mois aussi, ajoutez-le sous la forme 07/99 (juillet 1999).
• Rangez-les dans la boîte derrière le bon index (ou dans le classeur pour album).

Bravo, vous avez trié une pochette, prenez la deuxième pochette, et faites de même pour les suivantes !

Trier et jeter

C'est l'une des choses les plus difficiles à faire.
À la différence du bon vin, les photos ne s'améliorent pas en restant dans une boîte. Pas de pitié pour toutes les ratées (trop sombre, trop claire, mal cadrée, floue...).
Il est facile de jeter les photos de paysages anonymes. C'est une autre histoire de le faire lorsqu'il s'agit de personnes. Pourtant, vous pouvez être certain que la tête de votre enfant ne va pas repousser dans la boîte, si elle est déjà coupée sur la photo !
Jeter une photo représentant des amis ne signifie pas que vous ne les aimez pas, mais au contraire que vous les aimez tellement que vous ne voulez garder que les bonnes photos d'eux.

Si vous ne supportez pas l'idée de jeter, vous pouvez faire trois tas supplémentaires :

• les photos à donner (l'occasion d'écrire un petit mot aux amis perdus de vue),
• les photos à donner aux enfants pour leurs propres projets (faire un album comme Maman),
• les photos dont le fond peut être réutilisé pour décorer des pages d'albums (mer, montagne, herbe).

Les négatifs

Pourquoi les garder

Cela vous permet de faire des retirages de meilleure qualité que si vous utilisiez la photo elle-même.

C'est une solution de secours. Imaginez que toutes vos photos disparaissent ou soient détruites dans un incendie, une inondation ou encore un cambriolage, il vous restera au moins de quoi retirer vos photos les plus précieuses – à condition bien sûr que vous les ayez conservés dans un endroit différent (parents, amis ou bureau) : cela ne représente guère qu'un classeur !

Comment les classer

Prenez les négatifs. Assurez-vous qu'ils correspondent aux photos que vous venez de trier.

Mettez-les à plat avant de les glisser dans les pochettes cristal – cela vous permettra de vérifier qu'il ne vous en manque pas.

Écrivez avec votre feutre permanent l'année, le mois et les sujets principaux de votre pellicule (inutile si vous disposez d'un index print que vous scotcherez alors sur la page).

Vous pouvez aussi utiliser le crayon aquarellable (effaçable) pour entourer les négatifs à retirer ou bien coller un Post-it.

Cas particuliers

Photos isolées – pas de négatif correspondant

Souvent le cas, lorsqu'il s'agit de photos que l'on vous a données. Classez-les simplement par ordre chronologique ou, si vous n'avez pas de repère daté, à l'index adéquat (amis...).

Négatifs isolés – pas de photos
Attendez d'avoir tout trié pour être sûr que les photos ne sont nulle part.
Regardez-les attentivement : si aucun ne vous rappelle quelque chose, alors jetez sans hésiter !

Les CD

En fonction du matériel que vous utilisez, vous pourrez soit les ranger dans la boîte à photos (derrière le bon index), soit les insérer dans des pochettes perforées dans le classeur de négatifs.
Maintenant que vous connaissez la méthode, finissez de tout classer petit à petit, cela vous donnera une idée claire de tout le matériel dont vous disposez. Nul doute que vous serez motivé ensuite pour entreprendre plusieurs albums différents.

Aline (trois enfants de huit à quinze ans) : « Depuis longtemps, je voulais faire un album pour chacun de mes enfants – leur album à eux, de la naissance à dix-huit ans – pour qu'ils puissent l'emporter quand ils quitteront la maison. J'ai pu mesurer à quel point c'était important pour mon aînée de se voir petite et de réaliser qu'elle avait autant d'importance pour nous que ses deux cadets. En plus, je fais un album chronologique pour toute la famille. Du coup, je fais une sélection dans les photos – environ quatre pages par an dans chaque album d'enfant et une vingtaine pour l'album familial. Ce qui est important, ce n'est pas la quantité, mais de bien choisir et d'écrire. »

Composez votre album rapidement

Ce qui prend du temps, ce n'est pas de coller les photos dans l'album, mais de les trouver, de les sélectionner et de les mettre en page !
Ce qui est frustrant, c'est de devoir ranger tout le matériel, alors qu'on n'a pas eu le temps de finir.
La solution que nous vous proposons vous permettra de préparer quinze pages d'album en une seule fois et de

conserver votre travail préparatoire bien organisé si vous n'avez pas eu le temps de tout coller dans l'album.
Il s'agit de travailler à la chaîne et d'appliquer les principes du taylorisme !
Vous devez avoir une pile de photos prétriées avec les éventuels autres souvenirs que vous voulez intégrer (tickets d'entrée au zoo, carte du pays, itinéraire...) correspondant au projet d'album que vous avez choisi.
(Même si vous êtes un fan acharné de scrapbooking, évitez les souvenirs « à risque » tel le sable de la plage...)

Il vous faut :
• un album,
• environ 75 photos (équivalent de trois pochettes de 24),
• une boîte et des guides (pages vierges ou cartonnettes – découpées dans des boîtes de céréales, idéalement de la dimension de vos pages d'album). À défaut, utilisez des pochettes plastique perforées de classeur et numérotez-les de 1 à 15,
• un espace suffisamment grand pour poser quinze pages côte à côte.

Étape 1
Placez les 15 guides devant vous comme si vous pouviez décortiquer les pages de votre album afin d'avoir une vue d'ensemble.

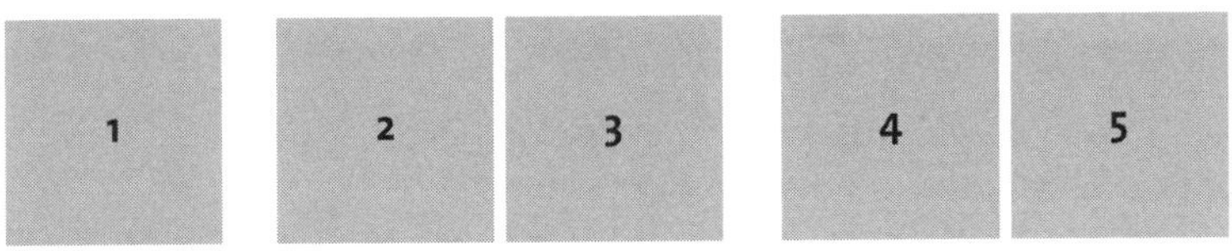

La première page est séparée.
Les pages 2 et 3 sont en vis-à-vis, de même que 4 et 5, et ainsi de suite jusqu'à 15.

Prenez votre paquet de photos et commencez à les répartir sur chaque page. Si vous avez choisi un album de dimension 30 x 30 (le mieux), vous pourrez y placer quatre photos si vous ne les coupez pas, et entre cinq et six photos si vous les découpez pour mieux recadrer les sujets.

(Des guides aux mêmes dimensions que vos pages d'album vous permettront de voir tout de suite si les photos tiennent sur la page.)
La vision d'ensemble que vous avez vous permet de déplacer facilement une photo d'une page à une autre, d'en éliminer les redondantes, etc.

Étape 2
Ajoutez si vous voulez d'autres éléments à vos pages de photos.
Découpez ou détourez les photos si vous le souhaitez.

Étape 3
Collez les photos dans l'album ou, si vous n'avez pas le temps tout de suite, empilez soigneusement les quinze guides accompagnés des photos (commencez par 15 en bas et finissez par 1 en haut) et fermez la boîte.
Quand vous serez prêt à les coller, vous n'aurez qu'à prendre, page par page, les photos que vous aurez déjà préparées.

Étape 4
Prenez le temps d'écrire dans l'album au minimum sur chaque page :
– la date ou la période approximative,
– le nom des personnes,
– l'événement ou la raison pour laquelle vous avez pris cette photo.

Pour vous aider, pensez **QQOQCP** (qui ? quoi ? où ? quand ? comment ? pourquoi ?).
Aujourd'hui, vous avez toutes les réponses à ces questions, mais dans dix ans, vous aurez peut-être oublié… Quant à vos enfants, cela sera plus parlant pour eux de savoir que la photo a été prise à l'occasion d'une sortie au zoo pour leur douzième anniversaire.

Notes personnelles

13

Il n'y pas de petites économies

Gérer son budget recouvre deux notions :

1. Savoir où passe l'argent, et vérifier qu'il n'y a pas de prélèvement indu à la banque.
2. Planifier et budgéter ses dépenses en allouant une somme à chaque poste pour mieux les maîtriser.

En fonction de votre objectif, vous irez plus ou moins loin dans ce chapitre.

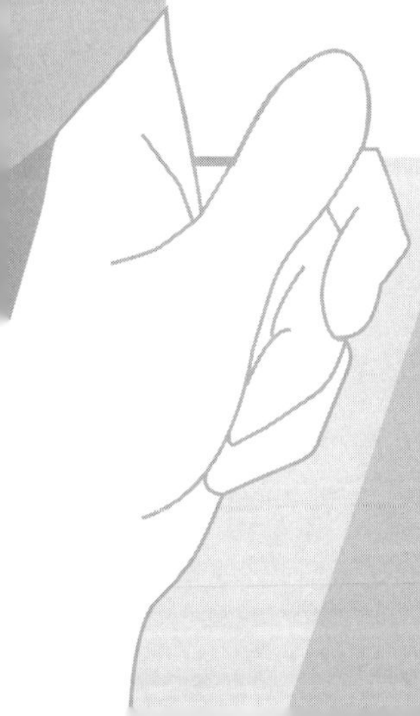

À savoir

Budget est un des rares mots à avoir traversé deux fois la Manche. Au Moyen Âge, la « bougette » désignait la bourse – « porte-monnaie » qui pendait à la ceinture. Ce terme a été repris par les Anglais qui l'ont transformé en « budget », qui fut ensuite repris par les Français pendant la Révolution.

Pourquoi est-ce difficile d'établir un budget ?

Le rapport à l'argent de chacun est largement conditionné par l'éducation et par le tempérament cigale ou fourmi. Il paraît que l'argent est cause de 51 % des discordes dans le « ménage ».

On retrouve trois cas de figure principaux :

• l'un gagne l'argent du foyer et le gère et l'autre le dépense ;

• les deux conjoints gagnent un salaire et le versent sur un compte joint unique ;

• les deux conjoints gèrent chacun leur compte et contribuent de façon plus ou moins équitable aux dépenses communes.

Ces situations n'ont pas forcément fait l'objet de discussions pour clarifier qui gère les finances.

Quand on touchait son salaire en liquide et qu'on le dépensait de la même façon, il était plus facile (pas forcément plus agréable) de savoir où l'on en était.

L'argent est de plus en plus « dématérialisé » :

• il arrive par virement sur un compte, et on le dépense par chèque et par carte bancaire – avec option débit différé en fin de mois ;

• on utilise plusieurs comptes ;

• on n'a pas forcément « envie de savoir » – politique de l'autruche ;

• c'est fastidieux : beaucoup de petits papiers (tickets de caisse, facturettes, talons de chèques). On oublie de noter sur les talons de chèques, on perd les papiers, les noms affichés sur les facturettes ne sont pas toujours significatifs ;

• on ne va quand même pas tout pointer sur les relevés ;
• personne n'a envie de s'en occuper.

Maîtriser les finances familiales présente des avantages :
• vous n'avez pas de sueur froide en ouvrant votre portefeuille ou votre chéquier ;
• vous pourrez faire de meilleurs choix ;
• vous pouvez voir venir même les imprévus avec sérénité et vous accorder un petit plaisir sans remords ;
• vous pourrez même gagner de l'argent en sachant le placer... quand il en reste !

Gérez votre budget

Contrôlez vos dépenses

Si votre objectif est simplement de connaître tous les mois votre solde bancaire, il suffit de rapprocher vos facturettes et talons de chèques de votre relevé mensuel.
Le plus simple, afin de ne perdre aucun papier, consiste à procéder de la façon suivante.

Au quotidien :
• saisissez le type de dépense sur le talon de chèque, ainsi que la date, montant, nom du commerçant ;
• conservez les facturettes de carte bancaire (vérifiez le nom inscrit sur le ticket et le cas échéant écrivez à quoi cela correspond – par exemple : SGP SA = station-service Total = essence) ;
• conservez les tickets de caisse ;
• conservez les tickets de retrait au DAB (distributeur automatique de billets).

Une fois par semaine :
Dans votre bureau, ayez une enveloppe Kraft format A5 pour chaque mois de l'année.
Un jour par semaine, sortez les tickets et facturettes du portefeuille :
• si le ticket est sans intérêt (courgettes du marché ou aucun besoin de rapporter un article), jetez-le ;

• si le ticket est important (produit à rapporter/échanger), mettez-le dans votre classeur « Home GPS » ;
• si le ticket comporte un produit sous garantie, mettez-le dans le classeur/dossier où vous conservez les garanties ;
• toutes les facturettes vont dans l'enveloppe du mois.

Une fois par mois :
• sortez l'enveloppe des dépenses du mois ;
• vérifiez que le relevé bancaire indique bien les mêmes sommes que vos talons de chèque, de cartes de crédit ou virement ;
• jetez la facturette une fois pointée sur le relevé de compte (mais gardez vos chéquiers) ;
• vérifiez les échéances de vos factures à payer et envoyez les paiements en temps voulu pour éviter les majorations, si vous n'êtes pas mensualisé.
Le solde de votre relevé bancaire n'est pas exactement le reflet de ce que vous avez comme sommes disponibles ! Comptez les décalages d'encaissement et de retraits.
Vous pouvez consulter votre compte « en ligne » sur Internet, pour avoir des précisions « jour par jour ».
La règle d'or de la personne organisée est d'ANTICIPER ! C'est encore plus vrai pour le budget : il vous permet de prévoir les dépenses pour éviter de vous retrouver « dans le rouge ».

Vous pouvez décider d'aller plus loin en faisant :
• une analyse de vos dépenses réelles,
• un budget prévisionnel.

Analyser les dépenses par catégorie
L'objectif est de savoir ce que vous dépensez en moyenne chaque mois.
La façon la plus simple consiste à analyser les relevés de compte de trois mois.
Prenez des mois sans événements particuliers (pas de budget vacances, cadeaux de Noël ou rentrée des classes) : octobre, novembre, janvier, mars, avril, mai, juin.
Il s'agit de faire une moyenne de vos dépenses réelles en neutralisant les événements exceptionnels (de même, ne prenez pas le mois de mars si vous avez déménagé à ce moment-là).

Définissez vos postes de dépense

Intitulé du poste	Contenu
Loyer/remb. emprunts	Coût de votre résidence principale
Alimentation et entretien courant	Toutes les dépenses que vous faites au supermarché et au marché Alimentation et produits d'entretien courant, d'hygiène
Services divers à la famille	Employée familiale, nounou, crèche, soutien scolaire...
Scolarité/cantine	Coût scolarité + cantine + activités de loisirs
Transports/voitures	Carburant et entretien voiture + remb. emprunt voiture + transports en commun
Eau/gaz/EDF/frais bancaires	Services courants en général payés par prélèvements automatiques (factures d'eau périodiques)
Téléphone/Internet	Ligne fixe + ADSL + forfaits mobiles
Habillement/coiffeur...	Vêtements, chaussures, pressing, coiffeur...
Loisirs/cadeaux/dons/vacances	Restaurant, cinéma, cadeaux, abonnements presse, dons aux œuvres, voyages...

Santé remboursable ou non	Consultations médicales, pharmacie, frais dentaires et d'optique
Équipement maison/jardin	électroménager/ordinateur/ mobilier/matériel de jardinage
Divers	Tout ce que vous ne savez pas identifier + frais « réellement » divers
Impôts/taxes diverses	Impôt sur le revenu, taxes foncières et d'habitation
Assurances	Maison + responsabilité civile + voiture

Ajoutez, modifiez ou supprimez une catégorie selon vos besoins.

Pas de perfectionnisme.
Tant pis si tout n'est pas exact, il vaut mieux un peu d'information que pas du tout.
Vous notez ce qui s'est réellement passé – pas ce que vous aviez prévu de faire !
Si vous ne savez plus à quoi correspond ce chèque de 12,54 euros, passez-le en divers. Ce qui vous intéresse, ce sont les grandes masses.
Pour simplifier les calculs, laissez en poste alimentation toutes les dépenses faites en grande surface (produits d'entretien courant et hygiène qui sont sur le même ticket) ; reventilez simplement les grosses dépenses (habillement, bricolage...).

Dépenses en espèces : où passe l'argent retiré au distributeur ?
Si vous ne le savez pas, laissez-le sous cette rubrique – vous ferez des recherches ultérieurement.
Si vous savez que cela vous sert principalement pour les

dépenses courantes, passez-le à 80 % en alimentation, par exemple, et 20 % en loisirs.

Vous pouvez utiliser le **tableau 1** que vous remplirez pour chaque mois.
Vous ferez ensuite à l'aide du **tableau 2** la synthèse des trois mois pour obtenir vos dépenses moyennes mensuelles par catégorie.
Les dépenses alimentaires sont un des plus gros postes du budget. Il peut être intéressant de calculer le coût d'un repas pris chez vous. Utilisez le **tableau 3.**

Reportez sur le **tableau 1** vos dépenses.
Prenez les relevés de compte en banque et talons de chèques correspondants.
Prenez les relevés de cartes de crédit et les tickets de dépenses en espèces.
Si toutes vos dépenses sont faites à partir d'un seul compte courant, votre relevé de chèque et votre relevé de carte bancaire refléteront la totalité. Si vous utilisez plusieurs comptes, poursuivez la démarche sur la même feuille.
Prenez vos relevés du premier mois et placez chaque dépense dans le bon poste, sur le **tableau 1**.
Pour les dépenses telles qu'assurance, eau ou impôts si vous n'êtes pas mensualisé, reconstituez le coût annuel et divisez-le par douze
Totalisez chaque colonne.
Reportez les totaux de chaque colonne sur le **tableau 2** pour calculer une moyenne mensuelle.

Calculez le coût de revient d'un repas :
– comptez le nombre de repas par semaine pris à la maison pour chacun des membres de la famille ;
– reportez la dépense moyenne d'alimentation (**tableau 2**) ;
– divisez cette somme par le nombre de repas du mois.

Il est vrai que le coût du repas d'un enfant de moins de dix ans est moins élevé que celui d'un adulte. Les petits déjeuners et goûters représentent aussi un coût inférieur à celui du déjeuner ou du dîner.
Il s'agit de faire une estimation moyenne.

Note : votre coût unitaire par repas est un peu supérieur à la réalité car votre budget alimentation comprend aussi toutes les petites dépenses courantes de la maison en produits d'hygiène et d'entretien.

Attention !

Nous avons constaté que pour une famille les coûts unitaires par repas varient entre 2,40 et 3,60 €.
Le chiffre que vous avez trouvé est à rapprocher des données suivantes :

- l'administration fiscale valorise le coût d'un repas à 4,20 € si votre employé de maison déjeune chez vous – cette somme est à déclarer en avantage en nature ;
- l'indemnité de restauration sur le lieu de travail est évaluée à 5,40 € (en particulier, un travailleur indépendant, qui est obligé d'aller au restaurant pendant ses déplacements, ne peut déduire en frais professionnels que la fraction du prix du repas supérieure à 5,40 €) ;
- combien vous coûtent votre restaurant d'entreprise et la cantine des enfants ?

TABLEAU 1 - VENTILATION DES DÉPENSES MENSUELLES

Dépenses du mois de

1. Loyer/ remb. emprunts	2. Alimentation	3. Services divers	4. Scolarité/ cantine	5. Transport/ voitures	6. Eau/ gaz/EDF/ banque	7. Tél. / Internet	8. Habillement/ Coiffeur...	9. Loisirs/ cadeaux/ dons / vacances	10. Santé	11. Équipement maison/ jardin	12. Divers	13. Impôts/ taxes diverses	14. Assurances
o	o	o	o	o	o	o	o	o	o	o	o	o	o

Tableau 2 - Synthèse des dépenses sur trois mois et moyenne

	Postes	mois 1	mois 2	mois 3	Total mois 1 + 2 +3	Moyenne = Total/3
1	Loyer/remb. emprunts	-	-	-	-	-
2	Alimentation	-	-	-	-	400
3	Services divers	-	-	-	-	
4	Scolarité/cantine	-	-	-	-	-
5	Transports/voitures	-	-	-	-	-
6	Eau/gaz/EDF/frais bancaires	-	-	-	-	-
7	Téléphones/Internet	-	-	-	-	-
8	Habillement/coiffeur...	-	-	-	-	-
9	Loisirs/cadeaux/dons/vacances	-	-	-	-	-
10	Santé remboursable ou non	-	-	-	-	-
11	Équipement maison/jardin	-	-	-	-	-
12	Divers	-	-	-		-
13	Impôts/taxes diverses	-	-	-	-	-
14	Assurances	-	-	-	-	-
	TOTAL	-	-	-	-	-

Sommes à mensualiser :

- Impôts/taxes diverses
- Assurances
- Abonnements
- Activités extrascolaires

Tableau. 3 - Calcul du coût des repas

Nombre total de repas de la semaine	25
Nombre total de repas du mois	100
Budget alimentation moyen	400
Coût unitaire par repas	4

Établir un plan prévisionnel de dépenses

Connaissant maintenant vos dépenses réelles, vous pouvez planifier et budgéter une somme par nature de dépenses. Vous devrez mettre en place un suivi mensuel des dépenses.
Vous avez le choix entre :
• tableau 1 papier + crayon + calculette – très long et fastidieux ;
• tableau 1 sur Excel = facile à faire, rapide ;
• utiliser un logiciel spécifique de comptabilité familiale ;
• télécharger les écritures comptables depuis votre site bancaire dans un logiciel et compléter manuellement ;
• télécharger votre relevé de compte en ligne pour alimenter un logiciel.
www.clubic.com : Maxicompte et Money Manager EX 0.8.0.6 sont gratuits.
http://www.loadsoftware.net/sites/maxicompte/index.htm Quicken et MS Money sont payants.

Si vous voulez planifier de grosses dépenses, vous avez tout intérêt à faire un tableau récapitulatif prévisionnel des recettes et des dépenses : modèle **tableau 4.**
Il s'agit alors de gestion de trésorerie.
Conséquence pratique : vous pourrez prévoir le mois où vous aurez suffisamment de liquidités pour l'achat d'un ordinateur portable pour votre fils qui entre en fac en septembre. Par exemple : cette année, vous serez augmenté en juillet, vous pourriez prévoir l'achat ce mois-là.
Dans la première partie du tableau, indiquez toutes vos recettes : salaire personnel, salaire conjoint, revenus locatifs, revenus de placements, autres.
Reprenez les chiffres du **tableau 2**.
Vous saurez aussi quelle somme mettre de côté pour faire face aux mois « chargés », et vous permettre de petites fantaisies sans souci et faire face aux imprévus qui, comme en gestion du temps, se produisent forcément.
Le plus difficile, pour équilibrer le budget, ce sont de grosses sommes qui sortent de votre compte à certains

moments qui ne sont pas les mêmes que ceux où l'argent rentre le plus !
Mensualisez un maximum de dépenses : à part la facture d'eau et certaines assurances, tout le reste peut être réglé par virement automatique mensuel : même les abonnements aux journaux et revues...
Si votre tableau prévisionnel est bien prévu, vous ne devriez pas avoir d'« alertes rouges » !
À plus long terme, cette gestion vous permet de prévoir les dépenses plus lourdes : achat d'une nouvelle voiture, réfection de la cuisine, et... de penser aux placements possibles !
Comparez vos dépenses réelles avec votre tableau prévisionnel : vous voyez les écarts. Il faut alors « jouer » sur les dépenses « compressibles » : si un mois a été plus lourd, vous pourrez facilement rétablir l'équilibre sur les mois suivants. Si vous attendez la fin de l'année pour vous rendre compte du « trou », ce sera trop tard !

Certaines dépenses sont compressibles :
• entretien courant de la maison,
• voiture (assurance et frais de fonctionnement : essence, révision),
• téléphone, ADSL, portable... surtout si plusieurs ados ont chacun un portable... choisissez un forfait mensuel fixe bloqué,
• vêtements, coiffeur,
• alimentation.

Épargne et dotations aux amortissements

Les entreprises fonctionnent de cette façon.
Tout appareil que vous achetez a une durée de vie prévisible. Vous pouvez, dès l'année suivant l'achat, épargner une somme correspondant au remplacement à terme de cet appareil.
Vous achetez un ordinateur 1000 € cette année. Vous envisagez de le garder quatre ans, il faut donc épargner 250e par an, pour avoir de quoi le remplacer dans quatre ans.
Cette somme est bien évidemment une estimation, car vous ne connaissez pas le coût de l'appareil équivalent dans quatre ans.

TABLEAU 4 - BUDGET PRÉVISIONNEL ANNUEL

	janvier	février	mars	avril	mai	juin	juillet	août	septembre	octobre	novembre	décembre
Solde précédent												
Salaire M.												
Salaire Mme												
Divers												
Allocations CAF												
TOTAL RECETTES												
Loyer/remb. emprunts												
Alimentation												
Services divers												
Scolarité/cantine												
Transports/voitures												
Eau/gaz/EDF/frais bancaires												
Téléphones/Internet												
Habillement/coiffeur...												
Loisirs/Cadeaux/dons/vac.												
Santé remboursable ou non												
Équip. maison/jardin												
Divers												
Impôts/taxes diverses												
Assurances												
TOTAL DÉPENSES												
Épargne												
Reste mensuel												

Quelques idées pour faire des économies

Règle d'or
Acheter trop bon marché vous reviendra finalement plus cher… car cela ne durera pas et il faudra un nouvel achat très vite.
Sans tomber dans les excès, préférez des achats de bonne qualité.

Alimentation
C'est le poste le plus difficile à réduire, mais c'est celui qui peut faire « exploser » le budget. À surveiller de près !

Faire les courses avec sa liste bien préparée en fonction des menus permet de faire une économie de 10 à 15 % !
Calculez le coût d'achat et compte tenu du temps passé, du déplacement en voiture… comparez entre la grande surface ou Internet.
Sachez évaluer le « prix » de votre caddie et arrêtez de le remplir si vous pensez avoir dépassé la barre : avec un peu d'expérience, on y arrive !
Calculez bien les prix au kg et au litre : les grands ne sont pas avantagés, car les prix « cassés » sont dans les rayons les plus bas des grandes surfaces ! Mais se casser les reins permet d'acheter jusqu'à 30 % moins cher pour une qualité équivalente…

Ne vous laissez pas piéger par des « bonnes affaires » qui n'en sont pas.
Les fruits et légumes frais sont très chers : achetez « de saison » et achetez « en vrac » plutôt qu'emballés (salade). Pensez aux légumes surgelés : vous aurez moins de pertes, un peu de vitamines, et ces produits sont non périssables.

Si vous avez le temps d'aller au marché, trouvez un marchand qui vous convient et devenez « habitué » : vous aurez de « larges » kilos ou des occasions. Passez plutôt en fin de marché : vous ferez de bonnes affaires.
Essayez le « hard discount » pour l'épicerie basique (eau,

lait, farine, sucre...) : vous pourrez obtenir 18 % en moins !
Prévoyez les achats et tenez-vous à un « ravitaillement » hebdomadaire pour éviter les achats « en catastrophe » dans les petits commerces proches mais plus chers.

Chauffage :
• prévoyez des coupures pendant les absences (dans la journée, s'il n'y a personne chez vous) ;
• réduisez de 1 °C la température, vous ferez une économie de 7 % ;
• installez un thermostat de régulation de température : 10 à 15 % de dépenses en moins.
Vous pouvez bénéficier d'aides financières pour maîtriser vos dépenses d'énergie. Deux sites vous renseignent :
www.anil.fr – Agence nationale d'information sur le logement,
www.ademe.fr : espace particuliers.agir – une maison pour vivre mieux.

Électricité :
• les lampes basse consommation divisent votre facture par quatre ;
• les halogènes consomment énormément d'électricité ;
• éteignez les appareils : quand ils sont « en veille », ils consomment 10 % d'énergie en plus sur l'année. Débranchez aussi les chargeurs de téléphones portables ;
• dégivrez le frigidaire : 4 cm de givre doublent la consommation électrique ;
• réglez le thermostat du frigidaire : 4 °C sont suffisants et un degré moins froid, c'est 5 % d'énergie économisée ;
• choisissez les appareils électroménagers signalés par la lettre A (faible consommation électrique) plutôt que G ;
• couvrez vos casseroles pour faire bouillir l'eau : vous économisez 30 % d'énergie ;
• relevez vos compteurs de temps en temps pour vérifier que les factures correspondent à la réalité...

Économisez l'eau, c'est bon pour la planète :
Investissez dans une carafe d'eau à filtre : vous économisez le prix des bouteilles d'eau en plastique, et

« c'est bon pour la planète » ;
• installez une chasse d'eau économique 3 ou 6 l au lieu de 9 l d'eau et vérifiez qu'elle ne fuit pas ! 50 l par heure sont perdus ;
• fermez l'eau du robinet pendant que vous vous brossez les dents ou que vous vous savonnez dans la douche... économisez 10 000 l d'eau par an ;
• un robinet qui goutte : c'est 35 m^3 d'eau par an gaspillés ;
• vérifiez de temps en temps votre compteur d'eau le soir au coucher et le matin en vous levant : s'il a varié, il y a une fuite quelque part, peut-être dans une canalisation ;
• installez un régulateur d'eau sur les robinets, surtout la douche : vous réduirez le débit de 25 l à 8 l ;
• vérifiez la température de l'eau chaude : à plus de 60 °C, les canalisations s'entartrent et la perte d'énergie peut atteindre 15 %.

Entretenez votre logement :
• un entretien régulier des machines permet de réduire les coûts et de les faire durer plus longtemps ;
• traitez les petits problèmes avant qu'ils ne deviennent de gros devis (peinture, plomberie...), c'est-à-dire au fur et à mesure en mettant à jour une liste de travaux (placez-la dans votre classeur « Home GPS ») ;
• planifiez les grosses dépenses dans votre budget : cela revient moins cher que de les voir arriver à l'improviste, en même temps que les achats de Noël ou les frais de rentrée, par exemple.

Habillement :
• attendez et sachez profiter des soldes ;
• prévoyez les vêtements à acheter par personne (notez-le dans votre classeur « Home GPS ») et au moment des soldes faites ces achats pour l'année suivante (par exemple, pour un manteau). Fréquentez les magasins d'usine : vous pourrez réaliser une économie de 40 %.

Santé :
• consommez des médicaments génériques : ils sont 20 % moins chers et ont une efficacité thérapeutique identique ;
• petit plus sur les mutuelles : le prix de l'assurance santé peut varier du simple au double selon le niveau de

prestation choisi.

Rentrée des classes : c'est parfois le gouffre pour les familles !
À la fin de l'année scolaire :
• vérifiez avant de partir en vacances – même si on n'a qu'une envie, c'est de « jeter les cahiers au feu » – ce qui peut être récupéré pour l'année suivante : cartable, trousse et contenu, cahiers ;
• éliminez les crayons mordillés, mais ne rachetez pas systématiquement un compas tous les ans, parce que c'est écrit sur la liste ;
• taillez tous les crayons de couleur et refaites des séries rangées dans des trousses ;
• faites un rangement de toutes les fournitures ;
• faites une liste de votre stock. Avec les listes fournies par les établissements scolaires en juin, élaborez votre liste d'achat en fonction de votre stock ;
• dissimulez sous une jolie couverture un cahier un peu usagé ;
• renseignez-vous sur les occasions : vente de livres scolaires à l'école, bourse aux livres. Méfiez-vous des éditions trop anciennes !

Impôts :
• les dons aux associations à but non lucratif permettent une réduction de 10 % ;
• le Cesu (chèque emploi service universel) permet de réduire de 50 % les frais engagés pour une aide familiale ;
• l'aide aux enfants majeurs réduit également les impôts.

Notes personnelles

14

Embauchez Mary Poppins

Notre époque est sans pitié ! il faut courir du bureau au berceau, exceller aux réunions et aux fourneaux, il faut tout assumer… et c'est souvent l'attention aux autres et à la famille qui en pâtit. Le mythe de Wonder Woman n'a pas encore rendu l'âme ! Trouver les bons moyens pour se faire aider, c'est parfois indispensable pour atteindre ses objectifs et trouver son équilibre.

Faites-vous aider

Par votre entourage

Tous ceux qui partagent votre quotidien : on partage les bonnes choses, donc aussi les tâches quotidiennes !
Faire participer chacun, c'est lui donner sa place dans la maison pour qu'il se sente solidaire des autres.
C'est faire confiance aux autres, sans se croire indispensable pour tout ! Il est bon de savoir « lâcher prise » !
Faire faire : au début vous perdez des minutes « précieuses », et vous vous dites que les autres ne le feront pas aussi bien que vous, mais à long terme, quel gain de temps !
Les grands-parents peuvent aussi être une aide de valeur !

L'avis du spécialiste

« Trop souvent, les femmes utilisent toute leur énergie à reprocher au conjoint de ne pas mettre assez la main à la pâte et de ne pas avoir assez d'initiative côté enfants et maison. Si elles utilisaient cette énergie à organiser les choses et solliciter calmement l'aide du conjoint, 1° elles obtiendraient une aide efficace, 2° elles seraient plus sereines, 3° monsieur cesserait de dire : "Je ne comprends pas, y a rien à faire, pourquoi elle n'arrête pas de se plaindre !?" Par exemple : un homme peut passer tous les jours devant la boulangerie en sortant du bureau, mais acheter du pain ne lui viendrait même pas à l'idée. En revanche, si sa compagne le lui demande aimablement, il ne refusera certainement pas. »
(Anne Gatecel, psychologue-clinicienne.)

Cette situation est évidemment réciproque.
Mettez les questions à plat pour trouver ensemble les meilleures solutions.

Par une aide extérieure

• Les services à la famille :
– garde d'enfants, soutien scolaire, cours de piano...
– aide aux personnes âgées ou handicapées...
• Les aides à la vie quotidienne : ménage, repassage, bricolage, jardinage, assistance informatique ou administrative...

Les solutions de garde d'enfants :
• la crèche, privée ou non, d'entreprise, familiale ;
• la nourrice agréée : elle garde vos enfants chez elle ;
• la garde à domicile : une nounou vient chez vous ;
• une garde partagée : elle se fait en alternance chez l'une ou l'autre famille. C'est le moyen le plus économique pour un enfant dans chaque famille.

Embauchez une aide familiale

Vous avez deux possibilités :
– devenir employeur particulier ;
– passer par un prestataire de services.

Dans le premier cas, vous devenez l'employeur de la personne que vous recrutez, vous avez donc la responsabilité juridique d'employeur.
Dans le second cas, vous n'aurez qu'une facture à régler.
L'idéal est de trouver la « perle rare » et de l'embaucher directement, cela vous offre plus de flexibilité, de liberté mutuelle, cela vous reviendra moins cher et votre employée sera mieux payée que si elle travaillait chez un prestataire.

L'EMPLOI DIRECT : COMMENT TROUVER LA PERLE RARE ?

• Le meilleur moyen est le « bouche à oreille » (assurez-vous que la personne a bien la mention « permis de travail » sur sa carte de séjour, et recoupez plusieurs pièces d'identité si elle est étrangère).
• L'agence nationale de services à la personne : tapez 3211 ou www.servicesalapersonne.gouv.fr (vous aurez un répertoire national des organismes de services à la personne).
• Le service social de votre mairie.
• Internet : www.particulieremploi.fr où vous trouverez des annonces d'emplois directs.
• www.aidadomicil.com (donne des informations utiles sur les aides à domicile, notamment un annuaire des sociétés de services par département).
• Les petites annonces (journaux, commerçants).

• Un intermédiaire : par exemple, Domicile Services vous met en relation avec quelqu'un moyennant une commission d'agence.
• Les associations familiales du domicile mettent également en lien les offres et les demandes, moyennant une adhésion modique à l'association.
• Certaines entreprises (La Poste...) vous mettent en relation avec leurs prestataires de service.

Si vous n'arrivez pas à trouver le bon professionnel à embaucher directement, faites appel aux prestataires.

LES PRESTATAIRES DE SERVICE

Vous avez recours à une société ou à une association qui vous envoie quelqu'un, et n'avez qu'une facture à payer, vous n'êtes pas l'employeur de votre femme de ménage. C'est la solution qui requiert le moins de démarches administratives, mais elle est sensiblement plus chère.

Établissez de bonnes relations avec votre aide familiale

RÉFLEXION PRÉALABLE

Avant de rencontrer la personne qui vous aidera, faites-vous une petite liste de points **importants**.
• Quelles tâches précises doivent être effectuées ?
Par exemple : précisez bien si ranger la vaisselle du petit déjeuner ou ramasser les chaussettes sous le lit font pour vous partie du ménage.
• Pensez qu'une garde d'enfant n'a pas les mêmes compétences qu'une aide au ménage ou au repassage. C'est capital, pour éviter tout litige par la suite
• Quels sont les points auxquels vous attachez beaucoup d'importance (ponctualité, honnêteté...) ?
• Quels sont ceux sur lesquels vous ferez moins attention (présentation personnelle, efficacité...) ?
Si vous passez par un prestataire, demandez aussi :

• si cette société vous enverra quelqu'un d'autre en cas de problème. Par exemple, l'intervenant ne peut pas venir ou ne vous donne pas satisfaction ;
• s'il y a un « référent » qui suit l'intervenant et qui fait le lien avec vous, que vous pourrez joindre facilement.

Premier contact

Lors de l'entretien d'embauche ou de la première visite du prestataire :
• demandez des références, et n'hésitez pas à appeler ces personnes en posant deux questions : les principales qualités et les points à améliorer ;
• expliquez clairement et simplement le travail à réaliser, dans le temps imparti ;
• faites une petite présentation de votre « foyer » : du logement (pour une aide ménagère) ou de la famille (pour une garde d'enfants) ;
• concernant la garde d'enfants, il est indispensable de passer du temps avec l'employée et les enfants pour que tous fassent connaissance. La première demi-heure, laissez la garde agir avec l'enfant : vous vous rendrez vite compte si « le courant passe » ! Mais de même que pour la crèche, il faut un temps d'adaptation ;
• transmettez une petite liste « aide-mémoire » ;
• faites une visite précise des lieux, donnez vos indications quant aux produits et matériel à utiliser.
Faites le point après la première intervention pour d'éventuels réajustements.
Consultez la convention collective des emplois familiaux (par exemple, sur le site de la FEPEM, « Fédération nationale des particuliers employeurs » : www.fepem.fr) ;
• faites un **contrat** si vous êtes employeur direct : vous serez protégé contre d'éventuelles réclamations ultérieures. Vous trouverez des modèles dans *Le Particulier employeur, mode d'emploi* d'Isabelle Gallay et Laurence de Percin.

Les relations quotidiennes

Mettez en place un système de suivi de la personne qui travaille chez vous. Rédigez un plan de travail :
• un plan de tâches hebdomadaires et mensuelles (cf. fiche

technique 2 du chapitre « Briquez votre intérieur ») ;
• pour une garde d'enfant, faites une journée type (heures de repas, siestes...).
En retour, cette personne a des informations à vous transmettre, ou des doutes à éclaircir, surtout si elle s'occupe de vos enfants. Vous avez aussi des remarques à faire...

Le contact peut se faire :
• par écrit : vous laissez les consignes sur un carnet de liaison ;
• par oral : trouvez un petit moment dans la semaine pour faire le point.
Prenez le temps de communiquer avec la personne qui s'occupe de vos enfants : elle les connaît bien, les voyant vivre, et ses remarques vont vous aider.

Prévoyez d'arriver avant l'heure pile où elle doit s'en aller ; appelez si vous allez arriver en retard : elle a sans doute beaucoup de trajet et de choses à faire en rentrant chez elle, elle aussi.

Favorisez la relation avec ceux qui travaillent chez vous et pour votre famille

La confiance mutuelle et la communication ouverte renforcent la valorisation et la motivation.
Intervenez dès l'apparition de problèmes concrets. N'attendez pas que la situation se dégrade. Soyez clair, ferme sur ce qui a été défini au départ.
Si votre nounou doit arriver à 8 heures pour que vous partiez travailler, il est normal d'exiger cette ponctualité. Un problème exceptionnel de transport en commun ne peut devenir la règle habituelle.
Acceptez de reconnaître vos erreurs ! Vous n'en perdrez pas votre autorité, et vous pourrez plus facilement signaler les erreurs des autres !
Il s'instaure avec une aide extérieure, surtout si elle travaille chez vous plusieurs heures par jour, une relation plus personnelle.
Évitez cependant une trop grande familiarité, qui vous empêcherait de maintenir votre statut d'« employeur-décideur ».
En même temps, les relations professionnelles n'excluent

pas la chaleur humaine : plus l'intervenant se sentira bien chez vous, meilleur sera son travail.
Méfiez-vous un peu de vous-même ! Il est normal que vos enfants s'attachent à leur nounou, et c'est plutôt bon signe : cela signifie que tout se passe bien !
Mais ils ne vous confondent pas avec elle, n'en soyez pas jaloux.

L'avis du spécialiste

« Une parole dévalorisante, trop négative, a des effets destructeurs (sur la personne et sur la relation). Ainsi l'idéal serait que toute critique soit présentée positivement, après avoir valorisé le potentiel et les capacités de l'autre.
Si une employée a bien "géré" le retour de classe des enfants, mais la salle de bains après le bain était un champ de bataille, réagissez en la félicitant d'abord : "Bravo et merci. Les enfants étaient prêts et tranquilles. N'oubliez pas, demain, de ranger la salle de bains après le bain des enfants."
La remarque passera très bien si le travail a d'abord été reconnu et valorisé.
– Félicitez et encouragez sur ce qui a été bien fait.
– Relevez les défaillances de manière précise.
– Fixez de nouveau un objectif concret, en encourageant. »
(Yves Boulvin, psychologue.)

ENCOURAGEZ-LES À SE FORMER

Tout employé peut bénéficier dès l'embauche d'un certain nombre d'heures de formation chaque année.
La FEPEM fournit les calendriers des stages et les modalités pratiques.
C'est une bonne manière de valoriser votre employé et de capitaliser ses compétences : grâce aux formations régulières, il peut acquérir un diplôme dans cette branche professionnelle.
Vous confiez vos enfants ou une personne âgée à une tierce personne, soyez vigilant. Les accidents domestiques restent encore la deuxième cause de mortalité en France.
L'INPES (Institut national de prévention et d'éducation pour la santé) publie gratuitement des petits guides sur la prévention des accidents domestiques :
• *Protégez votre enfant des accidents domestiques (enfants de 0 à 6 ans),*
• *Avec l'enfant, vivons la sécurité,*

• *Accidents de la vie courante : aménagez votre maison pour éviter les chutes (conseils à l'usage des personnes âgées).*
Votre employé peut aussi suivre une formation : « Prévention et sécurité auprès des enfants (ou des personnes âgées) ».

La rémunération

Vous hésitez peut-être à faire appel à une aide extérieure, en raison du coût financier.
Pour prendre une décision, nous vous proposons plusieurs éléments de réflexion.

Faut-il déclarer l'emploi direct ?

Il est indispensable de déclarer votre employé familial pour quatre raisons principales :
• les questions d'assurance et risques d'accident ;
• l'employeur risque gros en cas de travail au noir ;
• c'est financièrement plus avantageux ;
• votre salarié doit penser à sa retraite, même si cet élément n'entre pas pour le moment dans sa réflexion.

Le coût d'un employé familial

Le salaire horaire net se situe actuellement entre 9 et 11 euros pour une prestation de qualité (le minimum légal est le Smic). Restent ensuite à payer les charges sociales (option au réel ou au forfait).
Vous bénéficiez d'une réduction d'impôt de 50 % des sommes versées (salaires + cotisations sociales) dans la limite d'un plafond de 12 000 euros (soit une réduction maximale de 6 000 euros par an).

Simulation de coût pour un intervenant embauché directement

Fréquence d'intervention	2 heures par semaine	4 heures par semaine
Nombre d'heures par mois	Environ 9 heures	Environ 17 heures
Salaire horaire net	10 euros	9 euros
Salaire mensuel net Cotisations sociales	90 euros 51,50 euros	153 euros 97,41 euros
Total à payer par mois	141,50 euros	250,41 euros
Déduction fiscale	70,75 euros	125,21 euros
Coût final	**70,75 euros**	**125,21 euros**
Coût final travail non déclaré	**90 euros**	**153 euros**

Pour un intervenant venu d'une société de services (à titre d'exemple)

Fréquence d'intervention	2 heures par semaine	4 heures par semaine
Nombre d'heures par mois	Environ 9 heures	Environ 17 heures
Tarif horaire	19 euros	19 euros
Coût mensuel	171 euros	323 euros
Déduction fiscale	85,50 euros	161,50 euros
Coût final	**85,50 euros**	**161,50 euros**

Le site de l'Urssaf – rubrique employeur particulier - vous aide à réaliser des simulations de coût.

Simulation de coût pour une garde d'enfants

Je fais garder mes deux enfants, ça me coûte chaque mois :

1 200,00 €	payés à ma nounou
+ 472,45 €	de charges
– 562,00 €	de déduction fiscale*
– 267,00 €	d'allocation de mode de garde versée par la Caisse d'allocations familiales
= 843,45 €	

(Étude réalisée par *Économie Matin*, mars 2007)

Envisagez le mode de garde partagée. Ces frais seront divisés par deux mais l'allocation demeurera entière !

* *pour un couple dont les revenus nets imposables sont inférieurs à 38 692 euros.*

Dans votre calcul, prenez également en compte votre temps personnel.
Relisez le chapitre 8 « Briquez votre intérieur ». Une aide extérieure de deux heures par semaine vous fait gagner en temps une demi-journée journée. Votre temps a un coût, même s'il n'est pas monnayable financièrement...

Valorisez l'aspect psychologique : l'énervement, voire l'exaspération, lorsque vous rentrez fatigué du travail et qu'il faut reprendre un deuxième « job » finit par se répercuter sur votre entourage...

Payez votre employé familial

Le Cesu – Chèque emploi service universel – est actuellement le moyen le plus simple de rémunérer les employés familiaux.

Si vous embauchez vous-même votre employé, connectez-vous sur le site www.cesu.urssaf.fr.
Vous trouverez toutes les informations ainsi que des simulations pour connaître le montant du salaire mensuel net à verser à votre employé.
Ce montant englobe chaque mois les 10 % du salaire correspondant aux congés payés annuels (ce qui signifie

que lorsque votre employé est en congés payés, vous n'avez pas de salaire à lui verser).
Vous payez votre employé avec votre chéquier habituel. Vous remplissez ensuite directement sur le site votre volet social, en indiquant simplement le nombre d'heures travaillées dans le mois et le salaire horaire net. La cotisation sociale est immédiatement calculée. Cette somme sera directement débitée de votre compte.
En fin d'année, vous recevez une attestation fiscale, vous indiquant la somme à reporter dans votre déclaration de revenus pour bénéficier d'une déduction.
Cette attestation mentionne également le montant des salaires nets imposables : vous donnez ce chiffre à votre employé pour sa propre déclaration de revenus.
Toutes ces opérations peuvent s'effectuer, si vous préférez, par courrier, en contactant le Centre national du chèque emploi service universel, 3, av. Émile-Loubet 42961 Saint-Étienne Cedex 9.

Si vous faites appel à une société de services, celle-ci se chargera de toutes les démarches administratives. Vous n'aurez qu'un abonnement mensuel à payer, en plus des frais de dossier à l'inscription.

Les aides financières accordées aux familles

• La Caf accorde plusieurs allocations :
– **la Paje :** prestation d'accueil du jeune enfant. Elle comprend une prime versée à la naissance et une allocation de base d'un montant mensuel forfaitaire. www.pajemploi.urssaf.fr ;
– **l'allocation de mode de garde :** elle vous est versée si vous embauchez une assistante maternelle ou une garde pour vos enfants à domicile ;
– **l'allocation enfants ou adultes handicapés.**

• **Votre municipalité** peut accorder certaines aides aux familles : renseignez-vous auprès du service social.

• Certaines entreprises proposent à leurs salariés le **Cesu prépayé.**

Le Cesu prépayé fonctionne comme un chèque restaurant : l'entreprise prend en charge une partie du coût des emplois familiaux.

Outils à insérer dans votre classeur « Home GPS », onglet employé familial :

- coordonnées de votre employé familial : téléphone, adresse, horaires de travail chez vous, contrat ;
- coordonnées de votre prestataire habituel ;
- qui contacter en cas de « dépannage » : baby-sitter... ;
- planning de travail ou journée type ;
- coordonnées du site choisi pour le règlement du salaire de votre employé.

Conclusion

Nous espérons que vous avez pu trouver des idées dans ce livre...
Nous aimerions insister sur quelques points :

• Bannissez les SI qui vous paralysent !
Si mon conjoint m'aidait plus,
si les enfants étaient plus coopératifs,
si ma belle-mère n'était pas toujours à regarder chez moi,
si ma maison était plus grande (ou plus petite !),
si j'avais plus de temps (ou d'argent... ou les deux !).

• Bref, n'attendez pas que les autres fassent le premier pas : prenez la décision, et essayez... Vous verrez que les autres suivent et s'y mettent.

• N'oubliez pas la technique des petits pas : commencez petit à petit. Pour arriver au bout du chemin, il faut avancer un pas après l'autre.

• Si vous voulez plus de temps pour vous, c'est à vous de le prendre – personne ne le fera à votre place.

• Si vous faites ce que vous avez toujours fait, vous obtiendrez ce que vous avez toujours obtenu... Mais il n'est jamais trop tard pour changer et prendre de nouvelles habitudes.

• Il ne s'agit pas de tout mettre en application, mais de prendre ce qui va vous aider à trouver plus de sérénité pour pouvoir profiter davantage des vôtres... et de la vie !

Vous aussi, vous pouvez y arriver comme bien d'autres avant vous (dont Béatrice, ancienne « bordélique anonyme »).
Toutefois, si vous n'arrivez pas à mettre en place votre organisation, un cycle de cours vous aidera à démarrer.
Contactez www.organisez-vous.com

Bibliographie

Livres en français

• Yves Camdeborde, *Qu'est-ce qu'on mange ce soir ?,* Minerva : un ouvrage de cuisine qui explique comment s'organiser à l'avance.
• Sandrine Sitaud, *Les Plus Beaux Pliages*, éditions Solar
• *Mon livre de réceptions*, éditions Fleurus
• *Le Savoir-vivre*, éditions Larousse : tout sur le sujet !
• Isabelle Gallay et Laurence de Percin, *Le Particulier employeur, mode d'emploi*, guide de la FEPEM
• Emmanuelle Favre-Ray et Etty Buzin, *La Nounou, nos enfants et nous,* éditions Albin Michel
• Bruno Savoyat, *Les Secrets de l'efficacité*, Maxima
• Franck et Ernestine Gilbreth, *Treize à la douzaine*, J'ai Lu
• Emmanuelle Rigon, *Le Désordre*, Bayard éditions
• Violaine Guéritault, *Le Burn-out maternel*, Odile Jacob
• David Allen, *S'organiser pour réussir*, éditions Leducs

Livres en anglais

• Emilie Barnes, *The 15 Minute Organizer*, Harvest House Publisher
• Emilie Barnes, *Cleaning up the Clutter,* Harvest House Publisher
• Alice Fulton et Pauline Hatch, *It's Here Somewhere*, Writers Digest book
• Barbara Hemphill, *Taming the Paper Tiger at Home*, Kiplinger books
• Natalia Marshall, *Good House Magic*, MQ Publications
• Marcia Ramsland, *Simplify Your Life*, W Publishing group
• Marla Cilley (la fondatrice de Flylady), *Sink Reflections,* Bantam Trade Paperback

Sites Web

• www.ifap.net
Organisme de formation professionnelle des employés familiaux
• www.organisez-vous.fr
Une mine d'idées pour s'organiser à la maison et au bureau
• www.marmiton.org
Plus de 35 000 recettes de cuisine, accessibles par thèmes ou par ingrédients
• www.flylady.net
Le premier site américain d'assistance personnelle sur le sujet
• www.napo.net
L'association des organisateurs professionnels qui vous permet de trouver de l'aide près de chez vous (en cours de développement en France)

Témoignages de lecteurs

Commentaires Presse

« C'est la Bible de la vraie "desperate housewife"... un vrai joyau truffé de conseils à la fois rigoureux et inventifs.»
Le Parisien, samedi 24 novembre 2007

« Ce livre original, sérieux, mais aussi plein d'humour, présente... une mine de conseils pour que vivre chez soi devienne un plaisir. »
La Voix des parents, janvier 2008

« *Je suis débordé(e) à la maison* vous aide à aménager le planning des activités familiales... C'est bien fait et rempli d'astuces. »
Santé Magazine, mars 2008

« Voici un ouvrage sur l'organisation de la maison. Où il est question de gestion du temps, d'objectifs, de priorités. Le tout accompagné de fiches très pratiques. À tester par celles (et ceux) qui croient avoir tout essayé contre le désordre. »
Panorama, février 2008

« Ce livre... cerne les problèmes l'un après l'autre et donne des pistes de méthodes d'organisation, d'outils pratiques qui permettent de se simplifier la vie. »
La Tribune, vendredi 18 décembre 2007

Commentaires parus sur Internet

« À offrir à tous les jeunes et moins jeunes. Tous les aspects de l'organisation y sont traités avec un vrai regard de professionnel.»
Dominique, Amazon.fr 23 janvier 2008

« Quel bonheur de trouver un livre qui offre des solutions concrètes, réalistes et accessibles à la "folie"» quotidienne des parents modernes. Un outil indispensable et plein d'humour pour contourner le stress voire le burn-out parental !!! À lire absolument ! »
Violaine, Amazon.fr 17 juillet 2007

« Avant j'étais débordée sans savoir pourquoi, en le lisant, j'ai été débordée en sachant pourquoi et maintenant je suis débordée mais je me soigne. Il n'y a pas de cas désespérés et on n'est pas obligé de perdre sa bonne humeur et de devenir psychorigide... Puis ça fait du bien de savoir qu'on n'est pas seul(e)s ! »
Fnac.fr - 15 décembre 2007

Remerciements

À Franck et Ernestine Gilbreth dont le livre Treize à la douzaine a fait germer en nous des idées d'organisation familiale dès notre plus tendre enfance !
À Bénédicte, Hélène, Jean-Paul et Béatrice, grâce à qui ce livre a vu le jour.
Tous nos remerciements vont aussi à nos stagiaires et premiers lecteurs, grâce à qui nous avons vécu de nombreuses heures de fou rire en évoquant notamment leurs meilleures fausses bonnes idées dont voici un florilège.

Nous remercions en particulier :
Jeanne, Alix, Patrick, Véronique, Bénédicte, Alain, Sophie, Marie-Laure, Bernard, Juliette, Claire, Arnaud, Delphine, Hélène, Renaud, Odette, Béatrice, Hugues, Pascale...

Finalement, le sens de l'humour aide à relativiser le désordre... et à s'en accommoder !!

Best-of des « fausses bonnes idées »

Découper les photos d'enfants vaguement ressemblants aux vôtres dans des catalogues de vente par correspondance... quand vous n'avez pas le courage de chercher les vraies photos de famille demandées par la maîtresse d'école.

Investir dans un deuxième lave-vaisselle pour éviter de passer par la case « rangement de la vaisselle propre » en faisant une rotation permanente entre lave-vaisselle « propre » et lave-vaisselle « sale ».

Acheter des chaussettes par vingt paires identiques ou par paquet de trois chaussettes... ce qui élimine pratiquement le risque de chaussette célibataire (à défaut utiliser le vrai « clip'chauss » qui, bien que un peu contraignant, est nettement plus rationnel !)

Pour ne pas s'encombrer trop longtemps des « œuvres d'art » rapportées de l'école, photographier l'enfant avec et... éliminer quelque temps plus tard l'objet devenu poussiéreux... Pourquoi ne pas faire de même avec les piles de photos et souvenirs de voyages qui traînent depuis des mois au pied de votre lit ? Photographiez-vous avec votre pile de photos et collez cette photo unique (mon voyage en Égypte 2008) au lieu de devoir faire un album entier pour l'Égypte !

Lorsque vous achetez un pantalon neuf, plutôt que d'éliminer (pour respecter la loi de l'écologie domestique) l'un de vos vieux que vous aimez tant, donnez à la place celui de votre conjoint ou de votre fille qui ne lui va plus du tout.

SCRINEO
3, rue Française, 75001 Paris

Diffusion : VILO
Conception graphique : atelier Fabrizi
Imprimé en France
Imprimerie CPI France Quercy Mercuès

ISBN 978-2-9166-2836-3
Dépôt légal : septembre 2008